Elizabeth George

Autora de *Amando a Deus de todo o coração*

SEGUINDO A DEUS DE TODO O SEU CORAÇÃO

Crendo e vivendo o plano de Deus para você

© 2008 por Elizabeth George
Published by Harvest House Publishers
Eugene, Oregon 97402
www.harvesthousepublishers.com
© 2010 Editora Hagnos Ltda.

Revisão
Regina Aranha
João Guimarães

Capa
Douglas Lucas

Diagramação
Sandra Oliveira

Gerente editorial
Juan Carlos Martinez

1a edição - agosto de 2010
Reimpressão - abril de 2012
Reimpressão - agosto de 2012
Reimpressão - novembro de 2019

Coordenador de produção
Mauro W. Terrengui

Impressão e acabamento
Imprensa da Fé

Todos os direitos reservados para:
Editora Hagnos
Av. Jacinto Júlio, 27
04815-160 - São Paulo - SP - Tel (11)5668-5668
hagnos@hagnos.com.br - www.hagnos.com.br

Dados Internacionais de Catalogação na Publicação (CIP)
(Câmara Brasileira do Livro, SP, Brasil)

George, Elizabeth
Seguindo a Deus de todo o coração / Elizabeth George; [Tradução: Neyd Siqueira].
-- São Paulo, SP: Hagnos, 2010.

Título original: *Following God with all your heart.*

ISBN 978-85-243-0568-9

1. Mulheres cristãs - Vida religiosa   2. Vida cristã - Ensino bíblico   I. Título

10-08341   CDD 248.843

Índices para catálogo sistemático:
1. Mulheres: Guias da vida cristã   248.843

Sumário

Convite   5

SEÇÃO 1 — *Tornando-se uma mulher bem-sucedida*   9
1. A simplificação do sucesso   11
2. O ponto de partida para o sucesso   23
3. A estrada para o sucesso   35
4. Uma receita infalível para o sucesso   47

SEÇÃO 2 — *Tornando-se uma mulher corajosa*   57
5. Enfocando a grandeza   59
6. Enfrentando o impossível   69
7. Lutando contra seus medos   81
8. Contando com a presença de Deus   93

SEÇÃO 3 — *Tornando-se uma mulher excepcional*   103
9. Vivendo acima do padrão   105
10. Fazendo diferença   117
11. Renovando sua mente   131
12. Seguindo a vontade de Deus   143

SEÇÃO 4 — *Tornando-se uma mulher humilde*   153
13. Lançando o alicerce da humildade   155
14. Colocando um coração de humildade   165
15. Vendo a humildade em ação   175
16. Palmilhando o caminho pouco transitado da humildade   187

SEÇÃO 5 — *Tornando-se uma mulher contente* — 199
   17. Procurando o contentamento em todos os lugares errados — 201
   18. Vivendo com graça e glória — 213
   19. Viajando pela estrada que leva ao contentamento — 223
   20. Caminhando em paz e liberdade — 235

SEÇÃO 6 — *Tornando-se uma mulher confiante* — 245
   21. Crendo e vivendo o plano de Deus — 247

Notas — 255

Convite

Costumam perguntar-me o que me leva a escrever determinado livro, e você pode estar imaginando a mesma coisa ao segurar este exemplar nas mãos. Em geral, como resposta, aponto para vários sinais ao longo de minha viagem espiritual com Deus.

Aos 28 anos, recém-convertida, fui desafiada a começar a memorização da Escritura. Pus-me, por obediência, a memorizar versículos bíblicos, carregando vários deles comigo para ler sempre que tivesse um momento livre. Cada um dos versículos que decorei é precioso para mim, mas alguns deles vêm regularmente em minha ajuda ou me incentivam toda vez que chego a uma encruzilhada ao buscar seguir a Deus de todo o coração.

Os seis versículos que enfatizo neste livro têm sido meus conselheiros particulares e constantes nas três últimas décadas. Eles me apoiaram em diversos momentos angustiantes e me motivaram a obedecer enquanto fitava o desconhecido e também quando tudo em mim queria se recusar a fazer o que Deus estava me pedindo, simplesmente por nunca ter feito isso antes.

À medida que comecei a crescer em Cristo, aprendi que eu, como todos os cristãos, fui salva com um propósito. Tinha uma missão dada por Deus, por assim dizer. Ele queria que eu o adorasse e o servisse.[1] Passei também a entender que Deus fizera um plano para a minha vida. Embora essa ideia fosse estimulante, era também assustadora. Acontecia o seguinte: eu tinha sonhos... mas sentia medo. Tinha oportunidades... mas sentia medo.

Os seis versículos enfocados neste livro me resgataram mais uma vez e continuam fazendo isso. Eles não só contribuem com encorajamento sólido, como também oferecem vislumbres da segunda metade de minha missão — servir a Deus e viver seu plano.

Deparei-me, em seguida, com a questão da obediência. Seguir a Deus e cumprir a sua missão com todo empenho é, algumas vezes, difícil. Somos pessoas pecadoras. Somos preguiçosas. Medrosas. Insensatas. Até o apóstolo Paulo admitiu tais conflitos. Ele escreveu: "Sei que nada de bom habita em mim, isto é, em minha carne. Porque tenho o desejo de fazer o que é bom, mas não consigo realizá-lo. Pois o que faço não é o bem que desejo, mas o mal que não quero fazer, esse eu continuo fazendo" (Rm 7.18; NVI).

Minha amiga, esses seis versículos preciosos me ajudaram a manter-me concentrada em meu desejo de seguir totalmente a Deus, sem reservas — a confiar nele para avançar pela fé, a aceitar os riscos, a crescer, a seguir a sua liderança e a buscar e viver o seu plano e vontade dia-a-dia. Eles me ajudaram a vencer em minha decisão de crer e viver segundo os propósitos de Deus. Deram-me a certeza de que posso confiar em Deus e avançar para o cumprimento do seu plano para a minha vida com *sucesso, coragem, força, humildade, contentamento e confiança*.

Estou oferecendo a você meu pacote especial de Escrituras com a oração sincera de que venham a mudar sua vida. Que desafiem você a chegar a patamares mais elevados de crescimento e maturidade espirituais. Ajudem você a prosseguir em seu desejo de tornar-se, pela graça de Deus...

...uma mulher bem-sucedida (Js 1.8)
...uma mulher corajosa (Js 1.9)
...uma mulher excepcional (Rm 12.2)
...uma mulher humilde (1Pe 5.5,6)
...uma mulher contente (Sl 84.11)
...uma mulher confiante (Fp 4.13)

"Portanto, [...] [minhas amadas irmãs], mantenham-se firmes, e que nada as abale. Sejam sempre dedicadas à obra do Senhor, pois vocês sabem que, no Senhor, o trabalho de vocês não será inútil" (1Co 15.58). Espero que possam...

Confiar no Senhor de todo o seu coração.
Buscá-lo de todo o seu coração.
Amá-lo de todo o seu coração.
Louvá-lo de todo o seu coração.
Segui-lo de todo o seu coração.
Servi-lo de todo o seu coração.
E viver a sua vontade de todo o seu coração
...e vivê-la completamente![2]

Seção 1

Tornando-se uma mulher bem-sucedida

*Em tudo que o homem faz sem Deus,
ele deve falhar de forma deprimente
ou ter sucesso de modo ainda mais deprimente.*

GEORGE MACDONALD

1

A simplificação do sucesso

Não deixe de falar as palavras deste Livro da Lei e de meditar nelas de dia e de noite, para que você cumpra fielmente tudo o que nele está escrito. Só então os seus caminhos prosperarão e você será bem-sucedido.

JOSUÉ 1.8

Ao começar este livro sobre seguir a Deus de todo o coração, entrei em casa depois de ficar na entrada acenando para a minha filha, Courtney, e os quatro filhos dela. Eles estão indo para a base naval de Pearl Harbor a fim de finalizar sua mudança para o Havaí. Posso acrescentar também que este é o terceiro dia caótico seguido, em que eles vieram e se foram. No entanto, não importa. Todos acabamos de ver um arco-íris duplo. Alegram-me essa visão incrível e o fato de minha filha estar acompanhando alegremente o marido que serve a marinha enquanto ele serve seu país e segue sua carreira. Por quê? Porque ela está vivendo justamente aquilo que escrevo neste livro. Em seus papéis diferentes e, algumas vezes, difíceis de esposa de um tripulante de submarino e mãe de quatro crianças pequenas, Courtney está seguindo com sucesso a Deus de todo o seu coração.

Deus pode não estar pedindo que você mude com sua família para o Havaí, embora isso talvez não seja tão ruim assim, mas ele está pedindo que você o siga onde quer que esteja e enfrente o que estiver diante de você. Como pode ser bem-sucedida ao seguir a Deus em todos os papéis e responsabilidades que ele tem para você? Deus vai mostrar-lhe o caminho... se você permitir que ele faça isso.

Deus mostra a você o caminho para o sucesso

Você se sentirá encorajada ao saber que Deus trata do "sucesso" na Bíblia? Ele faz isso! De fato, Deus nos dá um plano passo a passo para alcançar o *verdadeiro* sucesso em nossos empreendimentos e nossa vida. Quando você segue suas diretrizes simples incluídas em Josué 1.8 e 9, as bênçãos de Deus são derramadas sobre os seus esforços e perseverança.

> 8. Não deixe de falar as palavras deste Livro da Lei *e de meditar nelas de* dia e de noite, para que você cumpra fielmente tudo o que nele está escrito. Só então os seus caminhos prosperarão e você será bem-sucedido.
>
> 9. Não fui eu que lhe ordenei? Seja forte e corajoso! não se apavore, nem desanime, pois o Senhor, o seu Deus, estará com você por onde você andar.

Encontrei pela primeira vez o plano de Deus para o sucesso quando era recém-convertida. Embora tivesse 28 anos, já fosse casada com Jim havia oito anos, e uma mãe se esforçando para criar duas meninas na pré-escola, eu não sabia nada sobre os caminhos de Deus ou suas definições de sucesso. Quase tudo que eu havia experimentado era o oposto de qualquer coisa ligada ao sucesso. Só conhecia o gosto e o sentimento do fracasso.

Felizmente, pela graça de Deus, aceitei Jesus como meu Deus e Salvador. A seguir, aconselhada por cristãos amadurecidos, comecei a memorizar imediatamente versículos bíblicos. O segundo versículo (versículos, nesse caso) que aprendi de cor foi Josué

1.8,9. Imprimi-o em um caderno em espiral, coloquei-o no peitoril da janela sobre a pia da cozinha e passei semanas — *semanas!* — aprendendo o versículo. De fato, quase um mês. Mas que passagem! Leia o versículo 8 outra vez. Você percebe agora por que levou tanto tempo para memorizá-lo. Esse versículo é a receita de Deus para o sucesso.

Quero que nós vejamos, provemos, compreendamos e conheçamos esse versículo. Tudo começa com Josué, um homem que seguiu a Deus de todo o coração.

Um homem que seguiu a Deus de todo o coração

Você está admirada com a ideia de um livro para mulheres começar com um homem, com alguém chamado Josué?

- Josué desejava seguir a Deus de todo o coração.
  Estou imaginando que você é como eu e deseja fazer a mesma coisa.
- Josué recebeu enormes responsabilidades.
  E você recebeu a sua lista de tarefas.
- Josué foi um guerreiro de Deus.
  Você também. (O significado de "virtuosa", usado para descrever a mulher ideal de Deus em Provérbios 31.10, é também usado para descrever um guerreiro.)
- Josué queria ter sucesso nas incumbências que Deus lhe dera.
  Imagino que você também quer isso em sua vida.

Quando comecei a memorizar Josué 1.8, eu não sabia nada sobre esse homem de Deus exceto uma linha de uma música que ouvira quando criança: "Vem com Josué lutar em Jericó e as muralhas ruirão". Pensei: *Quem é afinal esse sujeito?* E descobri.

Josué era um amigo e ajudante de Moisés. Por ser ajudante, teve permissão para subir até a metade do monte Sinai com Moisés, o líder de Deus para o seu povo, e estava presente quando Deus entregou pessoalmente sua lei a Moisés. Josué se achava também com Moisés quando Deus falou com ele face a face como a um amigo. Josué, amigo de Moisés desde a juventude, estava inteirado do relacionamento pessoal que Moisés usufruía com Deus por ser um homem que o seguia de todo o coração. Josué viu a fé possuída por Moisés, testemunhou a sua obediência, sentiu o seu coração, observou sua liderança do povo de Deus e recebeu seus ensinamentos durante quarenta anos.

Josué, da mesma forma que seu mentor, seguiu fielmente a Deus. Ele também falou com Deus e o escutou (Js 1.1). Foi assim que recebeu a ordem: "Dispõe-te, agora, passa este Jordão" (Js 1.2). Deus estava dizendo: "Atravesse o rio. Vá para o lugar onde os pagãos e os bárbaros vivem. A terra dos gigantes. É ali que a herança do meu povo está. A sua também. Mais uma coisa, Josué, você vai ter de tomá-la à força, lutando".

Ouvir as ordens e tarefas de Deus deve ter feito Josué tremer em suas sandálias. O Senhor evidentemente sabia das dúvidas e temores dele porque Deus, três vezes no primeiro capítulo do livro de Josué, diz a esse soldado para ser forte e corajoso:

- "Sê forte e corajoso, porque *tu farás este povo herdar a terra que, sob juramento, prometi dar a seus pais*" (v. 6);
- "Tão somente sê forte e mui corajoso para teres o cuidado de fazer segundo toda a lei que meu servo Moisés te ordenou, dela não te desvies, nem para a direita nem para a esquerda, *para que sejas bem-sucedido por onde quer que andares*" (v. 7);
- "Sê forte e corajoso; não temas, nem te espantes, *porque o Senhor, teu Deus, é contigo por onde quer que andares*" (v. 9).

Você notou que depois de cada ordem Deus pronuncia uma promessa de ouro (coloquei-as em itálico para você). Não deixe de tomar nota delas! Do outro lado da sua obediência, como aconteceu com Josué, está a bênção de Deus.

Josué foi o sucessor de Moisés. Por que Deus estava dando essa ordem a Josué? Porque Moisés o grande líder dos israelitas, morrera. Deus passou a liderança do seu povo para Josué. Que responsabilidade enorme! Imagine cumprir a tarefa de motivar aproximadamente 2,5 milhões de um povo obstinado, murmurador, queixoso, caprichoso e rebelde.[1] E não apenas governá-los, mas levá-los à batalha! Todavia, essa era a tarefa de Deus para Josué. Como comandante militar e guerreiro, ele devia guiar esse povo difícil à Terra Prometida e tomá-la à força.

Moisés era um pastor antes de guiar o povo. Um cajado, uma ferramenta do pastor, era seu instrumento para guiá-lo. E Josué? Ele era um guerreiro e guiaria o povo com a espada e a lança. As duas armas seriam certamente necessárias porque a terra do outro lado do rio Jordão estava cheia de inimigos e soldados gigantescos. Nenhum deles queria entregar sua terra para um povo estranho. Não, eles, com certeza, lutariam para proteger o que era seu!

Josué sucedera Moisés, o maior líder que o mundo conhecera até esse momento — talvez *nunca antes!* (exceto Jesus, é claro). Todavia, Josué tinha uma enorme tarefa a realizar. Nada seria fácil para ele. E não conseguiria nada com facilidade.

O coração de uma mulher para Deus

Alegro-me por ter descoberto bem cedo na minha vida cristã o que deu origem às palavras — de orientação para a vida, de estruturação da confiança e de realização do sucesso — que Deus disse ao temeroso coração de Josué, em Josué 1.8,9. Aprendi sobre esse guerreiro em minha memorização diária. Posso ainda ver-me sentada à minha mesa, cercada pelos livros de pesquisa que me ensinaram muito sobre esse homem de carne e osso que temia o caminho a sua frente, mas, mesmo assim, obedeceu à ordem de Deus para caminhar por ele. Fiquei ali sentada, pensando, *esta também sou eu*. *Isto é muito pertinente para mim como mulher*. *Deus me deu grandes responsabilidades*. *Ele me deu uma lista enorme de tarefas como sua filha, esposa, mãe de duas meninas pequenas, a encarregada de cuidar de nossa casa*. *Deus também espera que eu cultive um coração voltado para ele, cresça espiritualmente e sirva o seu povo*. *Sei definitivamente quais os sentimentos de Josué quando ele recebeu suas ordens de marcha*. *Dá para ficar com medo!*

É verdade. As mulheres cristãs arcam com tarefas exigentes, muitas das quais devem ser enfrentadas e cumpridas a cada dia. Deus também tem alvos para cada uma de nós. Ele explica na Bíblia as suas instruções com relação a nossos papéis. Encontramos também as qualidades de caráter. Ele nos pede para desenvolver com as boas obras, bondade e ajuda a todos. Devemos também crescer sempre em nosso conhecimento dele, aperfeiçoar nosso andar com ele, empregando nossos dons no serviço, ministrando a muitos, testemunhando aos que não conhecem Cristo, sendo funcionárias ideais em nossos empregos, servindo a Deus, esforçando-nos para ser úteis e amorosas como filhas, noras, e membros da família, e... e... e... *Uau!* Nossas tarefas nunca cessam.

Estou sorrindo ao lembrar-me de ter lido e revisado determinado livro para uma livraria cristã. A autora fez uma lista do que ela chamou de "os seis maiores causadores de estresse na vida de uma mulher":

1 filhos
2 falta de tempo
3 desentendimentos com o marido
4 problemas financeiros
5 trabalho doméstico, trabalho doméstico, trabalho doméstico
6 profissão ou emprego fora de casa

Definitivamente, incluía-me em todos eles. Veja o número 5, por exemplo — trabalho doméstico. O trabalho de uma mulher realmente *nunca* acaba, mesmo que pensemos que acabou. Certa terça-feira, limpei bem a casa. Naquela noite, minhas filhas que moravam em dormitórios de uma faculdade próxima de casa, vieram com algumas amigas para saborearem uma amostra de ser dona-de-casa fora de casa. No fogão havia uma sopa que elas tomaram e, mais tarde, fizeram uma reunião divertida junto à lareira antes de voltarem ao alojamento na faculdade.

Na manhã seguinte, quando entrei na cozinha, ai, ai, ai — uma verdadeira bagunça. Sopa derramada no fogão, nos queimadores, na frente do forno e até no chão. O grupo também fizera alguns biscoitos, *cookies,* e deixara as panelas, batedeira e colheres medidoras para... adivinhem quem? Para mim. Enquanto fazia a limpeza, pensei, *Não fiz isto ainda há pouco? Não passaram nem 24 horas desde que fiz a mesma coisa, e minha cozinha está um campo de batalha. O trabalho doméstico é mesmo sem fim.*

Um livro a que sempre me refiro trata das várias fases que surgem no casamento. Ele detalha os diferentes desafios que acompanham cada época e estágio, começando com o romântico "conhecendo você" e todas as novidades e expectativas e atravessando décadas de casamento, até a realidade da preparação para a morte de um dos cônjuges.

Da mesma forma que Josué, que recebeu ordem para cuidar do povo de Deus, ir para a guerra, enfrentar gigantes, derrotar inimigos e conquistar a terra, meu coração, às vezes, fica temeroso e é assolado pelo que está aqui e pelo que virá.

Como Josué, preciso de encorajamento.

Como Josué, imagino se posso corresponder às expectativas de Deus. Tenho condição de executar suas tarefas?

E, como Josué, preciso de uma fórmula certa de Deus para aplicar, a fim de ter a confiança necessária para permanecer firme e perseverante nas coisas que sei serem certas. Quero continuar satisfazendo meu desejo de ser o que Deus quer que eu seja e fazendo o que ele quer que eu faça — ser uma mulher com o coração aberto para ele.

O sucesso começa com seguir a palavra de Deus

A vida é cheia de desafios, tarefas, necessidades, rotinas, trabalho e surpresas. É, portanto, fácil e natural, às vezes, sentir-se ansiosa, temerosa e inadequada... como acontece comigo e evidentemente como ocorreu com Josué. Ele era muito jovem comparado com Moisés (que tinha 120 anos quando morreu e Josué tomou a liderança). Josué sentiu medo ao pensar em ir para a guerra contra gigantes e outros inimigos com o grupo de ex-escravos despreparados. (Os hebreus tinham sido escravos dos egípcios durante mais de 400 anos.) Josué poderia estar cansado antes de começar. Ele talvez refletisse como faço às vezes, *mas, como, Senhor? Como vou fazer tudo isto? Como vou cumprir as suas ordens? Quero segui-lo de todo o coração... mas como, oh como, Senhor? Ajude-me!*

Aposto como você teve esses mesmos pensamentos, perguntas e medos. Quando relê a sua lista de coisas para fazer, conforme Deus lhe designou, as tarefas que ele lhe deu, a multidão de responsabilidades que sobrecarrega seus ombros, o sofrimento crescente ao enfrentar seus desafios físicos, a palavra de Deus chega a você com encorajamento e instruções. Isto foi dito primeiro a Josué para dar-lhe confiança ao deparar-se com uma situação aparentemente impossível:

> Não afastes de tua boca o livro desta lei, antes, medita nele dia e noite, para que tenhas cuidado de obedecer a tudo que nele está escrito; assim farás prosperar o teu caminho e serás bem-sucedido (Js 1.8).

Essas instruções contêm uma ordem simples — *conheça a palavra de Deus e obedeça a ela*. Se decidirmos seguir o conselho de Deus, ele, no restante desse versículo, garante-nos "sucesso" ou "prosperidade". Em outras palavras, haverá um bom resultado devido à coragem, confiança, esperança de vitória e sabedoria quando nos concentramos plenamente na palavra de Deus e nas suas promessas. À medida que cremos e seguimos as promessas de Deus com obediência e sem hesitação — recusando-nos a sucumbir aos nossos temores, dúvidas, incapacidades e cansaço — a sua bênção e sucesso são nossos.

Deus deu instruções a Josué — e esperança — por meio dessas palavras. As mesmas instruções e esperanças são também suas. O sucesso passa a ser algo simples: se você conhece a palavra de Deus e faz o que ela manda, será bem-sucedida em seus empreendimentos ao cumprir seus deveres no trabalho de Deus, ao agradá-lo enquanto avança sempre confiante.

> *À medida que cremos e seguimos as promessas de Deus, com obediência e sem hesitação, sua bênção e sucesso são nossos.*

Avançando

Onde Deus colocou você hoje? Quais os papéis e responsabilidades que lhe deu? Quais são os seus sonhos e desejos? Muitas dessas aspirações indicam a direção de Deus para a sua vida. Tome algum tempo para descobrir o que a palavra de Deus diz sobre os seus papéis e ore por eles. Por que não tomar nota de alguns sonhos? Escreva-os na sua Bíblia, em seu livro de oração, diário ou caderno de anotações especial dedicado a sonhos e planejamento.

Se não sabe qual o plano de Deus para a sua vida hoje e não consegue pensar em quaisquer sonhos para servi-lo no futuro, comece hoje a compreender os objetivos que ele tem para você e se aproprie deles. É difícil avançar se não souber para onde ir. Uma vez que compreenda qual o caminho a ser seguido, saiba o que deve fazer e tenha alvos que a ajudem a chegar lá...

- Você pode começar a orar sobre isso. A oração diária alimenta seu avanço na direção do plano e propósito especiais de Deus para *você*. (Lembre-se, Deus só pediu a uma única pessoa para guiar os dois milhões e meio de hebreus — Josué.)
- Você pode também começar a descobrir o que Deus tem a dizer sobre seus deveres e sonhos. À medida que encontra as respostas na palavra de Deus, elas darão a você instruções específicas e mais confiança quando as incertezas forem removidas.
- Você pode procurar professores, mentores, aulas e livros para ajudá-la. (Até Josué teve de ser ensinado por Moisés para poder cumprir os propósitos de Deus).
- Você pode memorizar os versículos que dão confiança e encorajam você na busca dos seus alvos. (Deus disse a Josué para conhecer e meditar sobre sua palavra.)
- Você pode delinear passos que a farão alcançar e cumprir as tarefas de Deus com êxito. (Tenho a certeza de que o guerreiro Josué tinha um plano de batalha!)

Quando avançar para os seus alvos dourados, coisas acontecerão. Conte com isso! Do mesmo modo como aconteceu com Josué, obstáculos e emoções com certeza surgirão ao longo da estrada para o sucesso. Eles vão provar, testar, e ajudar você a crescer. Cada passo dado no poder da palavra de Deus, apesar de uma multidão de desafios, leva você a um relacionamento mais próximo com Deus. Sua palavra todo-poderosa a encorajará e fortalecerá por todo o caminho. É provável que você falhe, retroceda, viole regras e caia mais vezes do que gostaria. Porém, seja como Josué — confie em

Deus, faça o que ele diz e pede a você em sua palavra, sempre orando sobre isso. Isto lhe dará o desejo, a confiança e o poder para continuar crescendo. Certamente gostará do tipo de sucesso que Deus tem preparado para você. Será abençoada por ele.

*Aquele que caminha segundo a palavra de Deus
age com sabedoria e com alegria no coração,
mas o que anda segundo a sua própria cabeça
age insensatamente e nada lhe aproveita.*

Martinho Lutero

2
O ponto de partida para o sucesso

Não afastes de tua boca o livro desta lei, antes, medita nele dia e noite, para que tenhas cuidado de obedecer a tudo que nele está escrito; assim farás prosperar o teu caminho e serás bem-sucedido.

JOSUÉ 1.8

*G*osto muito de escrever livros e também de lê-los. Sou, portanto, uma visitante assídua das livrarias *online* e das de tijolos e argamassa... além de uma porção de livrarias de aeroportos, bancas, lojas e quiosques. Não consigo resistir! Fico espantada com o número de títulos que prometem "chaves", "passos", "meios" ou "segredos" para o sucesso. De modo surpreendente, todos parecem vender bem. Suponho que seja porque todas nós naturalmente desejamos alcançar nossos alvos e descobrir e cumprir nossos propósitos. *Queremos* ser bem-sucedidas em casa e em nossas famílias. *Queremos* ser competentes em nossa profissão e excelentes em nossas atividades, passatempos, paixões e habilidades.

Uma das maiores mensagens já escritas sobre o sucesso está na Bíblia, em Josué 1.8,9. Essas palavras garantem o sucesso. Separe um minuto para reler o versículo escrito no início deste capítulo — versículo 8. Ao fazer isto, lembre-se de que terminamos o último capítulo com um desafio para pensar sobre nossa vida e responsabilidades, sobre nossos sonhos e alvos, sobre o sucesso, conforme visto através dos olhos de Deus.

Vamos, portanto, observar o ponto de partida para o sucesso e como ele nos incentivará enquanto seguimos a Deus de todo coração.

A origem do sucesso

Você notou as quatro palavras que fazem parte das instruções de Deus para o sucesso? "O livro desta lei." A Bíblia é a verdade divina. Deus e sua palavra são o começo de uma vida de bênção, o ponto de partida para o sucesso em tudo que realmente tem valor. A situação é esta: quando Deus e sua palavra habitam em seu coração, ocupam seus pensamentos e guiam seus passos, ele abençoa seus esforços e iniciativas.

A Bíblia não é mágica. Lê-la não dá sorte a você. Ela é, porém, poderosa. De fato, é dinamite! E a razão para isso é apresentada a seguir.

A Bíblia é a palavra de Deus — Nada se compara a ela porque tem origem no Senhor. "Toda a Escritura é inspirada por Deus" (2Tm 3.16). A Bíblia foi soprada por Deus. Por ter se originado nele, podemos confiar completamente nela, a palavra que veio diretamente do coração do Senhor para o nosso.

A Bíblia é viva — Ela transforma vidas! A palavra de Deus molda nossa vida ao trabalhar ativamente em nós... e sobre nós. Ela "é viva, e eficaz, e mais cortante do que qualquer espada de dois gumes, e penetra até ao ponto de dividir alma e espírito, juntas e medulas, e é apta para discernir os pensamentos e propósitos do coração" (Hb 4.12). As verdades de Deus, como o bisturi de um cirurgião, entram em nossa vida interior — pensamentos, motivos, atitudes, desejos e intenções — para revelá-los pelo que são.

A Bíblia é uma força — Ela trabalha ativamente em nós e para nós, "como um fogo [e] um martelo que esmiúça a penha?" (Jr 23.29).

A Bíblia é uma defesa contra as tentações — Jesus lutou contra o ataque das tentações e mentiras de Satanás, declarando em cada uma das vezes que era instigado pelo diabo: "Está escrito...", e, depois, citando a Escritura (Mt 4.4). Como nosso Mestre, combatemos os ataques de Satanás com "a espada do Espírito, que é a palavra de Deus" (Ef 6.17). A palavra de Deus nos protege como uma peça de "toda a armadura de Deus" (v. 13).

A Bíblia é um guia — Suas verdades nos guiam. Você já se sentiu perdido? Necessitado de conselho e direção? A palavra de Deus é um mapa que você pode seguir com segurança enquanto viaja pela vida.

A palavra de Deus é um mapa que você pode seguir com segurança enquanto viaja pela vida.

O salmista admitiu que era "peregrino na terra" e suplicou a Deus que não escondesse os seus mandamentos... a sua orientação (Sl 119.19). Ele disse que a palavra de Deus o guiaria como lâmpada que ilumina os passos e luz que clareia o caminho" (v. 105).

O poder da palavra de Deus

Sem dúvida, a palavra de Deus gravada no coração se traduz em poder, sabedoria e ministério — visível e invisível. Testemunhei essa transformação! Por exemplo,

em certo momento de nosso processo de desenvolvimento espiritual, Jim e eu tivemos a oportunidade de ouvir um palestrante convidado de nossa igreja. Ele era Harold Lindsell, na época, editor da revista *Christianity Today*. Depois de falar no púlpito da igreja durante o culto, ele visitou nossa classe de casais jovens da escola dominical. O formato de sua interação com nossa classe foi um tempo de pergunta e resposta. Uma a uma, ele respondeu a todas e quaisquer perguntas.

Naquela época, Jim era um seminarista que tinha a intenção de aprender tudo que pudesse sobre a Bíblia. E ele ficou absolutamente admirado e entusiasmado com o profundo e intenso conhecimento e compreensão da Bíblia do dr. Lindsell. Jim ficou tão impressionado com esse gigante da fé que, depois, perguntou-lhe: "Como você respondeu a todas essas perguntas? Como você conhece todas essas informações?"

Qual foi a resposta do dr. Lindsell? Jim esperava receber um longo relatório de experiências educacionais, de tempo despendido e graus conquistados no estudo da faculdade, seminário ou prestigiosa universidade de Bíblia. Mas não, nada disso! O dr. Lindsell disse a Jim que passara os últimos quarenta anos lendo a Bíblia toda uma vez por ano. Ele explicou que planejou um sistema que lhe permitia terminar a leitura da Bíblia no dia 15 de dezembro de cada ano, assim, ele podia desfrutar de um tempo maior com a família no Natal e também garantir alguns dias extras para o caso de ter pulado alguns versículos ou de querer reler alguns.

O conhecimento da palavra de Deus — profundamente enraizado no coração, alma e mente desse homem e procurado com afinco por décadas — forneceu as prontas respostas para perguntas sobre a Bíblia e questões da vida. Também deu-lhe coragem e confiança para falar poderosamente a verdade quer em um cenário de grupo quer nas páginas da prestigiosa revista *Christianity Today*.

A influência da palavra de Deus

Falamos sobre ser bem-sucedido e ver a palavra de Deus como o ponto de partida. Como recém-convertida, eu sabia que precisava de ajuda, e uma mulher especial esteve presente para mim. Na verdade, ela mudou minha vida! A partir do dia em que a conheci, admirei a diligência dela e seu uso do tempo para fazer coisas que eram verdadeiramente importantes. Ela era paciente, amigável, confiante, útil e até mesmo organizada quando cuidava dos negócios do Senhor. Observava-a em público e estudava como ela lidava com as pessoas. Notei como ela falava com elas — sua escolha de palavras, o tom de voz. Ouvia toda vez que ela falava na sala de aula ou em uma reunião, considerando o conteúdo de suas palavras. Ela era uma fonte constante de encorajamento, conforto, conselho, afirmação, exortação e exaltação do Senhor... tudo da palavra de Deus e usando-a como sua fonte de conhecimento e sabedoria. Ela era uma verdadeira mulher de influência, usando a palavra de Deus e o poder desta para impactar positivamente muitas pessoas — incluindo eu.

Finalmente reuni coragem para perguntar a respeito de seu tempo devocional. Engoli em seco e ousei ainda mais e perguntei: "*O que* você lê da Bíblia? E *quando* você a lê? E *onde* você a lê?" Queria detalhes. Queria saber tudo em detalhes porque faria tudo que ela fazia e que era tão poderoso. Ela explicou que dividiu a leitura da Bíblia de uma maneira que lhe permitia ler partes por trimestre. Sim, está certo — "algo entrando" é igual a "algo saindo". Ficou claro que o que ela fazia a capacitava a ser muito útil e bem--sucedida em ministrar para todos que atravessavam seu caminho.

O poder da leitura da palavra de Deus

Você consegue lidar com outra ilustração sobre o impacto da Escritura? Meu marido foi por muitos anos reitor de admissão do The Master's Seminary, na Califórnia. Uma igreja da Califórnia enviava um estudante atrás do outro para o seminário. Certo dia, Jim recebeu um telefonema informando que mais doze jovens dessa igreja estavam interessados em frequentar a escola. Incrível! Eles perguntaram se Jim faria o favor de ir até a cidade deles para se encontrar com o grupo. Eles tinham concluído que seria mais fácil Jim (uma pessoa) ir até eles, em vez de todos os doze virem até Jim.

O que está acontecendo nessa igreja?, perguntava-se Jim. *Por que uma congregação produz tantos frutos?* Ele descobriu. O pastor para jovens em idade de faculdade desafiara seu grupo a ler quinze capítulos de sua Bíblia *por dia*. Essa programação os fez ler a Bíblia quatro vezes em um ano. Essa concentração e exposição à verdade de Deus criou um impulso em querer conhecer ainda mais sobre a Bíblia. Isso também os motivou e os ensinou a fazer que os outros conhecessem o poder das Escrituras para que estes pudessem se apaixonar por Deus e também por sua palavra.

O impacto da leitura da Escritura

Tenho uma confissão a fazer. Na época em que Jim se encontrou com esse maravilhoso — e absolutamente comprometido — grupo de estudantes que seguiam a Deus de todo o coração, nossas duas filhas também estavam na faculdade. Senti-me tão culpada quando Jim me contou sobre o pastor do grupo e seu exercício. Meu pensamento a respeito de minhas filhas e seus amigos foi: *Como alguém pode pedir que universitários leiam quinze capítulos da Bíblia por dia? Eles têm seus trabalhos e pesquisas, os ensaios, dissertações e exames. E eles têm seus trabalhos no topo da lista de seus afazeres escolares. Eles nunca dormem o suficiente e estão sempre atrasados em seus estudos.*

Está certo, admito que estava mimando minhas meninas. Elas estavam recebendo tratamento de bebês da mamãe. No máximo, encorajei-as a ser fiel em passar *algum* tempo com Deus todo dia, *algum* tempo em sua palavra e *algum* tempo em oração. Mas reservar tempo para ler quinze capítulos por dia? Contudo, esse grupo de universitários lançou-se na sugestão de seu pastor e saiu dessa igreja em todas as direções levando um desejo ardente de servir a Deus e compartilhar com os outros a alegria de conhecê-lo e conhecer a sua palavra. *Impressionante!* O impacto do exemplo deles alterou para sempre meu pensamento sobre a importância da leitura da Bíblia como o óbvio ponto de partida para uma vida de serviço... e sucesso.

A recompensa de ler a Bíblia

E eis aqui outro exemplo de olhar e amar "esse livro da lei" e sua recompensa. Havia em nossa igreja um homem jovem cujo pai foi diagnosticado com câncer terminal. Imediatamente, esse filho dedicado voou para ficar com o pai e compartilhar as boas-novas da vida eterna por intermédio de Cristo. Durante essa visita, seu pai aceitou a Cristo como Salvador e entregou seu coração e sua vida — o que restara dela — a ele.

O homem moribundo não sabia nada sobre Deus e sabia muito pouco sobre Jesus. Ele queria conhecer tudo que pudesse sobre seu Salvador antes de encontrá-lo pessoalmente no céu. Como ele podia aprender sobre Deus e seu Filho? Claro, lendo sua palavra! Sem saber quanto tempo de vida tinha, ele delineou um plano semanal de leitura da Bíblia. Seu desejo era viver totalmente para Deus pelo tempo que o Senhor lhe permitisse. Examinando a fonte da revelação de Deus para a humanidade nas páginas das Escrituras, esse homem alcançou recompensas diárias... até que, algumas semanas depois, ele entrou na glória a fim de alcançar a recompensa suprema — ver seu Senhor frente a frente!

O critério divino para o sucesso

Por que estou compartilhando esses exemplos reais? Não é para dizer: "Leia sua Bíblia toda semana... ou quatro vezes por ano... ou uma vez por ano... ou leia uma versão diferente da Bíblia por ano... nem leia quinze capítulos da Bíblia por dia". E, com certeza, minha mensagem não é a de que você precisa ir para uma escola de Bíblia, um instituto de Bíblia nem um seminário. Não, quero que você conheça o elemento fundamental do sucesso de acordo com Josué 1.8 — "o livro desta lei". A Bíblia é o ponto de partida de tudo que importa, para tudo que realmente conta para o sucesso.

Lembre-se, Deus fala para Josué e dá-lhe uma nova incumbência — guiar o povo de Deus em um território desconhecido a fim de conquistá-lo, dividi-lo e colonizá-lo. Como Josué saberá se obteve sucesso? E o que é o sucesso? Não é a riqueza. Não é título, tampouco posição. Não é o que você possui, quem conhece nem uma lista de realizações. E não é ser mencionado no livro de *Quem é quem*. Não, de acordo com Deus e conforme registrado em Josué 1.8, o sucesso é:

- conhecer a palavra de Deus;
- ler e estudar a palavra de Deus;
- meditar na palavra de Deus;
- obedecer à palavra de Deus;
- falar a palavra de Deus;
- seguir à palavra de Deus de todo coração.

Quando seguimos esse critério divino, somos bem-sucedidos aos olhos de Deus e úteis a ele no cumprimento de seus propósitos. Talvez não atinjamos as expectativas nem as definições de prosperidade do mundo, mas Deus se agrada muito quando seguimos esse critério divino.

Viver o critério de Deus para o sucesso

Um de meus ministérios mais agradáveis ao longo dos anos é o de mentorear mulheres jovens. Quando iniciamos nossas reuniões, peço que cada mulher me transmita seus objetivos para seu crescimento espiritual e para nosso tempo juntas. O conjunto de objetivos de uma mulher ainda se destaca em minha mente. A universitária escreveu: "Quero ler a Bíblia de forma inteligente". *De forma inteligente*. Ela explicou que não queria apenas ticar a leitura da Bíblia em um quadro de leitura. Ela queria compreender — apreender o que lera, por que era importante que o que lera estivesse na Bíblia, e como isso impactaria sua vida.

Fiquei entusiasmada porque, certa vez, tive uma mentora que me mostrou como ler a Bíblia de forma inteligente *e* como ser bem-sucedida em viver seus princípios e ensinamentos. Ela era a mesma mulher que citei antes neste capítulo, a que lia sua Bíblia quatro vezes por ano. Eis aqui o passo adicional dela, seu bônus, seu bocadinho de motivação adicional para pegar sua Bíblia diariamente e mergulhar nela: toda vez, antes de começar a ler a palavra de Deus do começo ao fim, ela escolhia um tópico específico para examinar. Todo dia, durante seu tempo de leitura da Bíblia, ela procurava um tema específico e registrava seus achados em um caderno especial.

Definitivamente, minha sábia modelo lia de forma inteligente! Tão inteligente que a abundância de seu tempo dedicado à leitura e ao aprendizado do que Deus disse sobre vários tópicos levou-a a escrever vários livros. Um trimestre, ela dedicava à busca de definições e exemplos de integridade, depois, ela escrevia um livro sobre integridade. Ela fez o mesmo com a administração do tempo. Nas páginas das Escrituras, ela observava um exemplo após outro de administração de tempo e de vida — instruções para o uso sábio do tempo, exemplos dos que valorizaram o tempo e o usaram sabiamente, situações dos que desperdiçaram tolamente suas horas, dias e anos. Ela indicava princípios para conduzir cada dia e vivê-lo de acordo com as prioridades e os propósitos de Deus.

Não preciso lhe dizer que essa mulher foi bem-sucedida em sua vida, em sua caminhada de integridade, em sua administração do tempo, em seu ministério, em seu mentoreado de mulheres, em sua escrita e, depois, ela seguiu a ele e o que encontrou em sua palavra de todo o coração.

Avançando

Às vezes, avançar representa olhar para trás. Pare por um momento e pense nas mulheres que exerceram a maior influência em sua vida cristã. É provável que elas, como minhas modelos e mentoras, focassem a importância da palavra de Deus. E elas, à medida que imergiam na Bíblia, a fonte de toda sabedoria, conseguiam oferecer a você e a outras mulheres joias e princípios de valor eterno.

Você não quer ser esse tipo de pessoa? Esse é o desejo do meu coração... e também de Deus. Então, por onde começamos? O que você pode fazer para incluir a palavra de Deus — ou mais dela — em sua vida já atribulada? Estabeleça um objetivo modesto de ler uma quantidade específica da palavra de Deus por dia. Depois, durante o dia, medite sobre as verdades de Deus.

Oro para que você esteja pensando em estabelecer um tempo regular de leitura da Bíblia e em encontrar uma mentora para ajudá-la a conhecer e a viver melhor a palavra de Deus. A Bíblia é realmente o ponto de partida para todo e qualquer sucesso. Você está sentindo uma fagulha de entusiasmo em relação à palavra de Deus? Sensacional! Não deixe que a chama desse desejo pelo "livro desta lei" de Deus se extinga. Atice as brasas! Assopre a chama. Desfrute as bênçãos que, com certeza, virão.

*Dê o primeiro passo em fé.
Você não precisa enxergar a escada inteira,
apenas dê o primeiro passo.*

Martin Luther King Jr.

3
A estrada para o sucesso

Não afastes de tua boca o livro desta lei, antes, medita nele dia e noite, para que tenhas cuidado de obedecer a tudo que nele está escrito; assim farás prosperar o teu caminho e serás bem-sucedido.
JOSUÉ 1.8

Uma de minhas definições favoritas de sucesso afirma: "Sucesso é viver de maneira a usar o que Deus lhe concedeu — seu intelecto, habilidades e energia — para alcançar o propósito que ele pretende para a sua vida".[1] Você conhece pessoas que vivem dessa maneira? Que usam ao máximo cada simples coisa que Deus lhes concedeu? Que usam plenamente o que têm e não se preocupam com o que não têm nem deixam que isso as faça parar sua caminhada? Que fazem a diferença e ajudam os outros a fazer o mesmo?

Pessoas comuns podem alcançar o sucesso

Abundam evidências de que Josué é um exemplo maravilhoso de uma pessoa "mediana" que desfrutou de incrível sucesso. Ele:

- nasceu escravo;
- serviu como subordinado até os 50 anos de idade;
- lutou contra ataques de medo;
- precisou do repetido encorajamento de Deus em sua preparação para liderar;

Contudo, Josué seguiu a fórmula do início deste capítulo — ele usou suas qualidades divinamente concedidas, confiou totalmente em Deus, viveu de forma corajosa e cumpriu o plano e o propósito de Deus para ele. Esse homem comum seguiu, serviu e auxiliou Moisés, poderoso líder de Deus. Após quarenta anos de serviço fiel, Deus escolheu Josué para substituir Moisés e liderar seu povo na terra prometida.

Sucesso nunca é fácil

A estrada de Josué para o sucesso não foi fácil. Ele teve de superar alguns quebra-molas — não, transformar nisso muitos dos principais obstáculos! — ao longo do caminho:

- Josué era o novo líder do grupo... esperava-se que substituísse Moisés, o operador de grandes e impressionantes milagres;
- o povo que Josué devia liderar era um problema — um grupo confuso de chorões e reclamadores medrosos e obstinados... somando, de acordo com algumas estimativas, mais de dois milhões de pessoas;
- a ferocidade do povo — devemos acrescentar aos aspectos mencionados — que aguardava os israelitas do outro lado do rio Jordão, os inimigos do povo de Deus que lutariam por muitos anos antes que eles conseguissem possuir a terra.

E isto é apenas o começo! Josué, após a principal conquista, alcançada por meio de batalha, e até sua morte, também tinha de julgar e instruir o povo nos assuntos da lei de Deus.

Como um escravo egípcio tornou-se o conquistador da terra prometida? Como um guerreiro tornou-se um discernidor e mestre da lei de Deus? Como um humilde e fiel seguidor e auxiliar tornou-se o poderoso — e bem-sucedido — líder do povo escolhido de Deus?

Sucesso vem de Deus

O sucesso de Josué não é segredo. Os primeiros nove versículos do capítulo 1 do livro de Josué fornecem-nos as respostas sobre o progresso dele. E sem surpreender ninguém, a resposta breve é: *Deus*. Veja por si mesma a estrada para o sucesso... de acordo com Deus.

- Deus fala com Josué (v. 1).
- Deus ordena que Josué guie o povo para a sua herança (v. 2)
- Deus assegura a Josué que terá sucesso em todo lugar que pisar (v. 3).
- Deus define especificamente o território que prometeu ao povo (v. 4).
- Deus promete sua presença constante (v. 5).
- Deus encoraja Josué pessoalmente e repete sua promessa da terra (v. 6).
- Deus encoraja Josué mais uma vez e exige que ele siga explicitamente sua lei (v. 7).
- Deus promete sucesso a Josué, se este falar, pensar e seguir tudo que está escrito na lei (v. 8).
- Deus adverte Josué mais uma vez para não ter medo, mas obedecer às suas instruções e repete sua promessa de estar com Josué em cada passo do caminho (v. 9).

Deus guiou Josué na estrada do Senhor para o sucesso. E aqui está a boa notícia! Deus também a guiará. Seus meios de operar em sua vida são os mesmos que utilizou em Josué. Deus fala com você e a guia por meio de sua palavra. Ele dá-lhe suas promessas, instrui-a e encoraja-a ao longo do caminho por meio de sua palavra e seu povo, e a acompanha a cada passo da estrada da vida.

Você, como Josué, pode desfrutar de incrível sucesso. Mas tenha cuidado! Esteja preparada — pode não ser o tipo de sucesso que o mundo busca e respeita, como riqueza, fama, conhecidos influentes, posição social, boa aparência, poder e prestígio. Você vive o plano de Deus e o agrada à medida que estuda e obedece a sua palavra e o segue de todo coração. E ele a abençoa em seu esforço e serviço. Essa é a promessa dele para você!

Seguir os passos de Josué

Às vezes, é difícil seguir o exemplo de alguém que viveu milhares de anos atrás em um país distante. Por isso, pergunto: você conhece algumas mulheres do tipo de Josué — mulheres que seguem a Deus de todo o coração? Mulheres que dão muito, e arriscam muito, e fazem muito pelo povo e pelas causas de Deus? Mantenho uma lista de mulheres cristãs que admiro. Quando estou em um ponto difícil de minha vida, quando me sinto muito cansada para continuar, quando as coisas parecem sem remédio e quando me pergunto como conseguirei fazer tudo, cuidar das minhas responsabilidades, encontrar energia para fazer o que Deus e os outros me pedem, penso nessas mulheres especiais, corajosas, comprometidas — e de sucesso.

Como podemos, como Josué e nossas mulheres com a mesma fibra de Josué, executar o plano de Deus para que ele possa nos usar para cumprir sua vontade para nós e as pessoas ao nosso redor à medida que contribuímos para os propósitos dele? Como podemos fazer como Josué fez e superar os desafios que nos deparamos, dominando os papéis e ministérios que Deus tem em mente para nós? Como podemos cruzar nossos Jordões — as barreiras, medos ou falhas que se mantêm entre nós e a realização das atribuições que Deus designou para nós?

Muito simples, precisamos seguir as pegadas de Josué. Precisamos conhecer a palavra de Deus e obedecer a ela à medida que buscamos ao Senhor de todo nosso coração.

Deus, esteja em minha mente

Sem dúvida, não tenho a melhor voz do mundo, mas gosto de cantar, especialmente em um coro com muitos cantores experientes a minha volta. Durante meus anos no coro de uma igreja, com frequência, cantávamos um cântico e oração intitulado "God, Be in My Head" ["Deus, esteja em minha cabeça"]. Era um dos cânticos favoritos do coro — e da congregação. Pense nisso. Amamos a Deus e queremos segui-lo de todo coração. Deleitamo-nos em servir a ele e a seu povo. Gostamos da verdade de que pertencemos a ele por meio de seu Espírito (Ef 1.13), e de que ele está em nós (Cl 1.27), o que representa que ele também está em nossa mente. Devemos mantê-lo constantemente à frente de nossos pensamentos. Esse é o sentido da instrução de Deus em Josué 1.8: "Não afastes de tua boca o livro desta lei". Deus tem de ser o primeiro em nossa mente, aquele em quem pensamos primeiro e sempre, aquele em quem pensamos e como quem tentamos constantemente pensar.

Então, como isso pode se tornar realidade? Como podemos pôr Deus e sua palavra em primeiro lugar em nosso coração *e* mente? Como Deus disse a Josué, a resposta é simples — a palavra de Deus, o livro da lei, tem de ser o foco de nossa vida diária. Temos de pôr as verdades da Bíblia em nossa mente, meditar dia e noite, constantemente, na Bíblia para que possamos aplicar sua sabedoria o tempo todo e viver de acordo com tudo que está *em nossa mente*.

Refletir sobre a verdade

Refletir ou meditar sobre a palavra de Deus, de algum modo, é como minha rotina diária de fazer o café. Quando a água na cafeteira ferve, ela é derramada e penetra no pó, extraindo a riqueza e o sabor do café. Isso é o que a meditação faz por você. Da mesma maneira, quando você lê vagarosamente e quando uma passagem das escrituras "ferve" através do seu caminho, então as suas verdades, da Palavra, penetram em seu coração e mente.

Você começa a vivenciar a riqueza das bênçãos de viver e habitar na palavra de Deus.

A meditação não precisa se limitar a seu tempo de quietude. Você pode fazer como faço muitas vezes e escrever os versículos em cartões de 3 x 5 centímetros que você leva sempre com você. Uma das "mulheres idosas", que é especial para mim, certificava-se de sempre ter bolsos em suas calças e saias para que pudesse carregar os versículos e os rever enquanto caminhava, guiava, ficava em filas e esperava no consultório do médico. Você também pode lembrar seus versículos especiais e refletir neles enquanto se prepara para dormir. Faça da palavra de Deus seu último pensamento antes de adormecer.

A meditação também pode envolver memorização. Isso é o que o salmista descreveu: "Agrada-te do Senhor" (Sl 37.4). Davi queria que a palavra de Deus habitasse em seu coração — não apenas nas mãos e em sua casa. Nesses lugares, ela poderia ser tomada ou roubada. Não, ela devia ficar em seu coração! Ele valorizava a lei do Senhor e a considerava um tesouro digno de ser guardado na própria essência do seu ser. Só ali estaria pronta e disponível quando necessitasse dela.

Estou certa de que já disseram a você muitas vezes que deve ler a Bíblia, memorizá-la e meditar sobre ela. Não esqueça que essa instrução vem de Deus. Você está provavelmente pensando: *Sou tão ocupada. Quando vou achar tempo para memorizar e meditar sobre a Escritura?* É possível que Josué também pensasse assim. Ele era decididamente um homem ocupado. Com tudo que estava à sua frente, porém, *não* podia deixar de lado a palavra de Deus — *aprofundar-se* nela. Nas palavras do estudioso bíblico Matthew Henry: "Se o trabalho de um homem alguma vez pudesse desculpá-lo por não se dedicar à meditação e a outros atos de devoção, talvez achássemos que Josué poderia ter feito isto naquela fase de sua vida bastante atribulada quando estava prestes a entrar em uma batalha feroz".[2]

Com a palavra de Deus em sua mente e coração, os primeiros pensamentos e primeiras palavras de Josué — quando começou a guiar, reger e julgar as questões do povo de Deus — devem ter sido certamente a palavra de Deus! Isto colocaria Josué na estrada de Deus para o sucesso. E ele estaria guiando o povo de Deus por essa mesma estrada.

Escavando a verdade

O caminho de Deus para o sucesso indiscutível em nossas muitas responsabilidades, empreendimentos e desafios envolve amar, reverenciar, memorizar e refletir sobre sua palavra nesse "Livro da Lei", na Bíblia. Nos dias de Josué, a palavra do Senhor, escrita em pedra, foi entregue a Moisés. A seguir, esse profeta a leu em voz alta para o povo, incluindo Josué. Chegara, agora, a vez de Josué mantê-la viva para os israelitas, o que exigia que ela estivesse nele — em sua cabeça, *viva* no seu coração, *pronta* em sua língua e fosse o *regime constante* para a sua alma.

"Não cesses de falar deste Livro da Lei", Deus instruiu Josué. Em outras palavras, quando houvesse alguma questão para ser julgada, ele deveria basear a sua decisão apenas na lei de Deus. Nenhum preceito deveria sair da sua boca. Deus colocou a sua lei na mão de Josué, e era necessário que este conformasse cada ato de sua liderança e gestão a ela.

Como isto poderia acontecer com Josué? E, mais pessoalmente, como isto pode acontecer com você e comigo hoje? Veja bem, o que foi verdade para Josué continua válido para nós hoje. Devemos ler a verdade de Deus, refletir a respeito dela e memorizá-la... devemos também aprofundar-nos nela para compreendê-la e aplicá-la.

Se o primeiro passo na estrada de Deus para o sucesso é meditar sobre a palavra de Deus e memorizá-la, o segundo passo é estudá-la. Uma coisa é ler a Bíblia e até memorizar partes ou versículos da mesma. Porém, podemos recitar a Bíblia sem, no entanto, entendê-la! Nosso objetivo deve ser examinar e analisar a Bíblia *até compreender seu sentido*.

Certa vez, alguém disse que a leitura bíblica é como voar sobre uma floresta e olhar para baixo. Você vê um rio, uma plantação aqui, uma floresta ali, e as estradas que a atravessam. Você enxerga o todo. O estudo bíblico, no entanto, é como andar pessoalmente pelas estradas através daquele mesmo território, aquela mesma floresta e tocar cada folha ou cada árvore, cruzar o rio e se molhar, experimentando cada detalhe do terreno.

Como você está reagindo à ideia de "estudar"? Achou que seus dias escolares tinham passado? Por favor, não acredite nisso! Dedique tempo e atenção para obter conhecimento sobre a palavra de Deus, analisá-la e lê-la com esforço deliberado e cuidadoso.

> *Você ama a palavra de Deus? Sente necessidade imperiosa de conhecer melhor as suas verdades?*

Minhas filhas gostam de cozinhar. Elas navegam na Internet todos os dias baixando receitas, além de assistirem e gravarem programas de culinária na televisão. Mas uma de minhas filhas levou seu amor pela culinária mais adiante e teve aulas de culinária em um famoso instituto de culinária da região de Denver. Ela estudou a arte e a ciência de cozinhar. O estudo cedeu lugar ao *interesse* e ao *desejo*. Se você, como minha filha extremamente ocupada, ama algo com bastante intensidade, faz o que for necessário — gasta qualquer quantidade de dinheiro, dedica qualquer quantidade de tempo que seja necessário — para ficar mais familiarizada com o objeto de seu amor.

Você ama a palavra de Deus? Tem paixão por se tornar mais familiarizada com as verdades dela? Anseia por agradar a Deus e a realmente viver o plano dele para você? Então está esperando o quê? Siga a admoestação de Paulo: "Procura apresentar-te aprovado diante de Deus, como obreiro que não tem de que se envergonhar, que maneja bem a palavra da verdade" (2Tm 2.15). As oportunidades para estudar a Bíblia estão em todo lugar. Junte-se a um grupo de estudo bíblico, entre em uma relação de mentoria, matricule-se em aulas (diurnas ou noturnas) na igreja ou em casas, frequente um instituto ou faculdade de Bíblia. Comecei a escavar nas verdades de Deus por intermédio da Moody Bible Correspondence School. Como jovem mãe atribulada, com duas meninas em idade pré-escolar, trabalhei sem intervalos de um livro a outro da Bíblia, uma lição aqui, outra lição ali, enquanto minhas pequeninas cochilavam.

Em meu ministério de orientação encorajo jovens mães a fazerem o mesmo. Digo a elas: "Você *pode* crescer enquanto cria sua família". E as recompensas chegam para as mães sobrecarregadas, extenuadas, estressadas, à medida que seus estudos as levam a possuir a paciência de Deus, a ter paz em seu coração — mesmo nos dias mais caóticos! — e experimentar a sabedoria de Deus enquanto lidam com as situações difíceis que o casamento e a criação de filhos às vezes apresentam.

O mesmo se aplica ao outro lado da vida. À medida que você amadurece em seu conhecimento de Deus e na compreensão da sua palavra, fica mais bem preparada para enfrentar os anos crepusculares, enquanto seu corpo envelhece. Você pode andar com confiança ao passar pelo "vale da sombra da morte" (Sl 23). Pode não temer e não temerá nenhum mal. Por quê? Porque Deus está ao seu lado. Ele é o seu bordão e o seu cajado, seu consolador (Sl 23.4). E isto é uma promessa!

Maria, a mãe de Jesus

Falei bastante de Josué; minha mente, porém, está correndo em direção a uma mulher tipo Josué — Maria, a mãe de Jesus. Maria, ao que sabemos, não tinha um passado brilhante. Seus pais nunca são mencionados. Ela aparece nas páginas da Escritura como uma mulher jovem, provavelmente, uma adolescente. Maria foi a mulher que, depois de ouvir a história dos pastores e dos anjos sobre seu Filho, "guardava todas essas coisas, e sobre elas refletia em seu coração" (Lc 2.19). Ela guardava também a palavra de Deus em seu coração e meditava sobre ela porque, ao louvar o Senhor com o que é agora conhecido como seu "Magnificat" (Lc 1.46-55), usou a Escritura, recitando-a de memória e *com entendimento*. Ela evidentemente havia estudado e aprendido as Escrituras. Pelo menos quinze referências à Escritura são citadas ou referidas nos dez versículos que se derramaram do seu coração para o coração de Deus.

Maria, de forma alguma, era bem-sucedida aos olhos do mundo. Todavia, aceitou o plano divino para ser um vaso que traria seu Filho ao mundo. A palavra de Deus estava em seu coração e sua mente. Também em sua boca. Esse conhecimento lhe deu coragem para fazer parte da vontade de Deus, dar e entregar tudo para seguir a Deus de todo coração. Isto lhe custou caro aos olhos das pessoas — ela ficou grávida sem estar casada, sendo considerada adúltera (Jo 8.41). Ela seria perseguida por aqueles que desejavam assassinar seu Filho pequeno e, mais tarde, sofreu ao vê-lo morrer na cruz.

Todavia, aos olhos de *Deus,* Maria foi favorecida, escolhida e procurada. Foi abençoada por ele. Em seu "Magnificat", Maria louva a Deus todo-poderoso que fizera grandes coisas para ela (Lc 1.49). Aos olhos de Deus ela foi verdadeiramente bem-sucedida.

Avançando

Que amolação! Sou outra voz dizendo a você para ler, estudar e memorizar as Escrituras. Porém, é maravilhoso! A fim de ter Deus em sua mente, sua palavra em seu coração para capacitar você a segui-lo a ele e ao seu plano para a sua vida de todo seu coração, alma, força e mente, você deve, ativa e resolutamente, colocar sua palavra em sua mente.

Ao considerar a simplicidade e repetição desses passos para o crescimento espiritual, compreenda que são como dinamite. Quando olha para as palavras no papel, você pode querer bocejar e dizer, "Claro, está certo, qual a novidade?" É possível que até pense: *Tentei ler a Bíblia antes. Estudei um pouco a Bíblia e fui certa vez a um programa em que memorizei alguns versículos. Não estou interessada em fazer nada disso no momento.* Não esqueça, entretanto, que esses são princípios *espirituais*, disciplinas *espirituais*.

Não importa como minhas palavras pareçam a você, ou se você tentou ou não implementar essas práticas antes, coisas acontecem quando permite que a palavra de Deus "habite ricamente em você" (Cl 3.16). Coisas esplêndidas! Coisas maravilhosas! Até coisas que você não entende e não pode entender nem explicar. Você descobrirá novas energias, nova disposição e uma perspectiva diferente e melhor da vida. Seus objetivos *mudarão*, garanto isso para você. Sonhará com fazer grandes coisas para Deus quando começar a compreender as grandes coisas que ele fez por você. Terá ideias e imaginará: *De onde será que vêm essas* coisas? Tratará as pessoas de modo diferente, as tratará melhor. Descobrirá que passou a abraçá-las e a lidar com seus ministérios, trabalho e responsabilidades com alegria! Não reconhecerá a si mesma.

Ponto principal? Você descobrirá que estará viajando pela estrada de Deus para o sucesso, provando suas realizações e contribuições e participando delas.

Por quê? Porque decidiu seguir as instruções dele para você e Josué. Você meditou na palavra de Deus dia e noite. Escolheu respirar, pensar, refletir, apreciar e viver o livro da lei de Deus.

Não nos deixes contentar-nos em esperar para ver o que nos aguarda, mas dê-nos a determinação para fazer que as coisas certas aconteçam.

Peter Marshall

4
Uma receita infalível para o sucesso

Não cesses de falar sobre este livro da Lei; antes, medita nele dia e noite, para que tenhas cuidado de fazer segundo tudo quanto nele está escrito; então, farás prosperar o teu caminho e serás bem-sucedido.

Josué 1.8

Jim, meu marido, viajou pelo mundo em vários ministérios. Fico constantemente fascinada com as muitas histórias que ele conta sobre aventuras, ensino proveitoso do evangelho e ajuda a outros. Cada uma de suas viagens incluiu bênçãos e desafios. Há alguns anos, Jim, depois de uma viagem específica à China com um grupo de seminaristas, falou-me sobre um aluno que estava sempre ausente quando o grupo se preparava para mover-se para o local seguinte. A segurança era extremamente severa e o guia responsável por manter o grupo no horário quase teve um colapso nervoso ao deixar o país... principalmente por causa desse estudante. O jovem estava tão encantado com a cultura que muitas vezes esquecia de seguir as instruções. (Agora, antes de você pensar mal dele, gostará de saber que não muito depois da viagem à China, ele conheceu e se casou com uma jovem segundo o coração de Deus, e eles são hoje missionários em um país da Ásia.)

Seguindo instruções

"O que esta história sobre o jovem 'ausente' tem que ver com seguir a Deus de todo o coração, com sucesso, ou até com a vida de Josué?" Tudo! Por quê? Porque seguir instruções, atitude também conhecida como obediência, é o terceiro ingrediente na receita de Deus para o seu sucesso em pôr em prática o plano dele para você. Até agora consideramos esses ingredientes para o sucesso extraídos de Josué 1.8:

> Ingrediente número 1: *Crendo na palavra de Deus* — O livro da lei, a Bíblia, é o livro de receitas de Deus. Você precisa crer que a Bíblia é "viva e poderosa" (Hb 4.12) e pode fazer diferença na vida das pessoas, inclusive na sua.

> Ingrediente número 2: *Vivendo na palavra de Deus* — Você deve meditar nela dia e noite. Não pode seguir corretamente o que não compreende. A Bíblia deve ser compreendida pela sua mente antes de poder tocar seu coração e transformar sua vida.

Temos agora o ingrediente 3: *Obedecendo à palavra de Deus* — Você deve observar e agir de acordo com tudo que se encontra escrito nela.

Obedecendo à palavra de Deus

Tudo que discutimos até este ponto sobre o sucesso se concentrou em condições de natureza *interna*. A mulher bem-sucedida aos olhos de Deus conhece a palavra de Deus em seu coração, lendo-a e meditando sobre ela. Vamos agora para as condições *externas*. Para muitos, é aqui que o obedecer começa a vacilar. É fácil ler sobre um assunto ou princípio ou, em nosso caso, os mandamentos da Escritura. Agora vem o passo mais difícil. Veja bem, *há algo que precisamos fazer*, e isso é obedecer à palavra de Deus. Não só as partes fáceis... aquelas de que gostamos... ou os mandamentos que não interfiram com o nosso estilo de vida. Mas não é bem assim, pois temos de obedecer a *tudo*!

Deus prometeu sucesso a Josué sob uma condição — que ele obedecesse ao livro da lei de Deus. Entretecida no desígnio soberano do sucesso está a condição de obediência. Se Josué exaltasse a palavra de Deus com os lábios e edificasse a sua alma ao meditar continuamente sobre os preceitos da palavra, haveria então fruto. E esse fruto tomaria a forma de obediência. O que está por dentro acaba por sair. Podemos inverter essa verdade. Se a pessoa não for obediente, então, provavelmente, a palavra de Deus não tem um lugar muito elevado na sua vida e devoção.

Está lembrada de todas essas responsabilidades e tarefas sobre as quais falamos? O trabalho, os papéis, as tarefas que Deus nos deu? Devemos ser obedientes em relação a isso. Em nosso serviço para outros e para a igreja devemos ser obedientes. No cuidado com o nosso andar com Deus, devemos ser obedientes. Em nossa maneira de falar, devemos ser obedientes. A lista se alonga. Uma linha de um hino que amo, *Segurança abençoada*, diz: "Submissão perfeita, tudo está em paz". Se formos obedientes — em "perfeita submissão" — seremos abençoadas.

Como não ter sucesso

Todos têm sua própria ideia sobre como ter sucesso. Infelizmente, não passa disso — a ideia particular dessa pessoa. Um grupo que decidiu não fazer as coisas conforme a vontade de Deus foi o dos israelitas. Não muito depois dos filhos de Israel terem deixado o Egito, eles foram desafiados por Josué e Calebe a entrar na Terra Prometida. A razão de ser um desafio era o fato de os outros dez espias enviados para investigar a área terem feito um relato muito negativo sobre a sabedoria de atacarem por causa da força do inimigo do outro lado do rio Jordão. Eles disseram, "Todo o povo

que vimos nela são homens de grande estatura. Também vimos ali gigantes..." (Nm 13.32,33).
Era exatamente isto que o povo não precisava nem queria ouvir. Encontrava-se em uma encruzilhada. Podia chorar e gritar a noite inteira e desejar ter ficado no Egito... ou podiam confiar em Deus, seguir Josué, e participar do plano de Deus. Josué e seu amigo Calebe arrazoaram com eles:

> Se o Senhor se agradar de nós, então, nos fará entrar nessa terra e no-la dará, terra que mana leite e mel. Tão-somente não sejais rebeldes contra o Senhor e não temais o povo dessa terra [...] retirou deles o seu amparo; o Senhor é conosco; não os temais (Nm 14.8,9).

Os israelitas, infelizmente, tinham suas próprias opiniões sobre a melhor escolha: "Apesar disso, toda a congregação disse que os apedrejassem" (v. 10). Se o Senhor não interferisse, Josué e Calebe teriam sido assassinados!

A desobediência dos israelitas e sua atitude rebelde resultaram na morte deles no deserto durante os 40 anos seguintes. Sua desconfiança de Deus e a falha em seguir a sua palavra conforme transmitida a eles por Josué acabou em derrota. Eles nunca chegaram à Terra Prometida... embora seus descendentes chegassem.

Sempre que desconsideramos a palavra de Deus, desobedecemos a ele ou deixamos de crer nas suas promessas, experimentamos a derrota.

Querida amiga, o mesmo se aplica a você e a mim hoje. Sempre que desconsideramos a palavra de Deus, desobedecemos a ele, ou deixamos de crer em suas promessas, experimentamos derrota. Não cumprimos a vontade de Deus e, tragicamente, não recebemos muitas das suas grandes e preciosas promessas (2Pe 1.4). Vamos colher o oposto do sucesso.

Provando o sucesso de Deus

A receita simples que Deus descreveu para Josué a fim de alcançar sucesso garantido vai contra tudo que o mundo considera uma fórmula de sucesso. A maioria das pessoas julga as outras, primeiro, pela beleza e aparência, incluindo as roupas e joias que usa. Desejam saber quais os seus cargos no trabalho e rendas anuais. Passam em seguida para o tipo de casa que possuem e os carros que dirigem. Josué, entretanto, seguiu a receita de Deus e acrescentou quantidades maciças dos ingredientes que o Senhor exigia. Josué deu as costas ao mundo e à sua medida de sucesso. Seguiu as instruções de Deus à risca e ela realmente funcionou! Se suas realizações — seus sucessos — fossem listadas em um livro *Quem é quem*, você leria sobre essas esplêndidas conquistas.

Josué teve sucesso sobre seus inimigos. Logo depois do povo de Deus ter atravessado o mar Vermelho ao deixar a escravidão no Egito, Israel foi atacada por um grupo de nômades ferozes — os amalequitas. Moisés pediu a Josué para guiar um grupo de soldados despreparados para a batalha. Josué ficou provavelmente com medo e sentiu-se inseguro quanto a si mesmo e ao seu exército desorganizado, mas ele era também obediente. E Deus deu a Josué uma vitória assombrosa (Êx 17.8-13).

Quando você enfrentar inimigos e obstáculos, confie em Deus e cumpra a vontade dele. Quando tiver momentos de fraqueza e dúvida, levante os olhos, creia no plano de Deus e nas suas promessas. Depois avance! Você jamais conhecerá o sucesso sem dar esse primeiro passo de obediência. O sucesso é com frequência tão simples quanto dar um primeiro passo.

Josué foi bem-sucedido na batalha. Dessa vez, o Senhor pediu a Josué que conquistasse um povo perverso, violento, sob dificuldades ainda mais esmagadoras. Moisés, o grande líder israelita, estava morto. Josué foi então solicitado a liderar um ataque com seu exército destreinado contra um inimigo ainda maior que os amalequitas. Deus enviou Josué para invadir uma terra com várias cidades fortificadas e guerreiros bem armados e prontos para lutar. Ele obedeceu novamente e Deus lhe deu a vitória (Js 3 — 12). De fato, Josué foi tão bem-sucedido na invasão e conquista da terra que estrategistas militares estudam hoje suas abordagens para a batalha.

Pense outra vez em tarefas de Deus. Você está se aproximando de suas tarefas com a liderança de Deus, como fez Josué, ou está fazendo tudo sozinha? Agindo por conta própria? Você está em luta com um(a) adolescente que não se comunica, que se afastou da família? Adolescente esse que talvez não queira nada com Deus e seu Filho? Há um problema conjugal, um marido que está menos que entusiasmado sobre cumprir os desígnios de Deus? Há problemas e pessoas problemáticas a enfrentar no trabalho? Busque a palavra de Deus, descubra o que ele diz que você deve fazer, siga o exemplo de Josué e faça o que Deus manda, segundo a vontade dele. Você terá sucesso, mesmo que esse sucesso seja simplesmente saber que obedeceu ao Senhor.

Josué teve sucesso em suas atribuições. As batalhas foram só um começo para Josué. Foram pontos de partida, vez após vez, na direção da principal atribuição que Deus tinha para ele — deveria pôr em prática a promessa de Deus de dar a seu povo uma herança. Em termos humanos diríamos que a tarefa de Josué era impossível. Cada uma das doze tribos que compunham o total do povo de Deus tinha seu próprio grupo de líderes, sua própria cultura tribal e suas próprias ideias. Imagine tentar dirigir essa multidão diversa e procurar agradar mais de dois milhões de novos proprietários de casas, todos eles desejando propriedades com água, as melhores vistas e, naturalmente, o máximo de atrativos (Js 13—19). Josué, porém,

> *Devemos crer no plano de Deus para nós, prender-nos a ele, avançar, ir até o fim. Conheceremos então a qualidade do sucesso de Deus.*

não vacilou na dedicação à sua tarefa. Ele prosseguiu até o fim. Ele obedeceu. E terminou sua atribuição... com sucesso! A tarefa dada por Deus a Josué era a longo prazo e complicada. Era exigente... e extremamente penosa. Se as suas "tarefas" são parecidas com as minhas e as da maioria das mulheres que conheço, elas também parecem assustadoras. Mas temos o mesmo Deus que Josué... e as mesmas promessas dele. Nós, como Josué, devemos ouvir e aceitar tudo que Deus nos diz. Devemos crer no seu plano para nós, apegar-nos a ele, avançar, ir até o fim e terminar. *Então* conheceremos a qualidade do sucesso de Deus.

Josué teve sucesso em sua vida pessoal. Não há dúvida sobre Josué ter sido uma pessoa importante na conquista da terra. Acima de tudo, ele dirigiu diplomaticamente a quase impossível tarefa de dividir a terra entre as doze tribos de Israel. Isso é o máximo, não é? Contudo, Josué foi também bem-sucedido *pessoalmente.* Ele experimentou prazer pessoal em um trabalho bem feito. Sentiu-se realizado pelos seus esforços, trabalho e décadas de obediência fiel. E, talvez o melhor de tudo, sabia, em seu coração, que outros foram beneficiados pela sua obediência. O povo achava-se realmente grato e, para mostrar sua apreciação, eles reuniram um grupo, renderam homenagem a ele e lhe deram a cidade que pediu como sua parte na terra (Js 19.49,50).

Você também será abençoada quando, como Josué, dedicar-se aos requisitos de Deus para o sucesso. Quando der o melhor de si para seguir a Deus de todo o coração, conhecerá o "bem feito, servo bom e fiel" do Senhor. Quando avançar e levar diligentemente um projeto até o fim, certamente se sentirá realizada de um modo que só a qualidade de sucesso divino pode produzir. E bênção sobre bênçãos, abençoará também os outros!

Obediência básica

Ao fazer um retrospecto dos sucessos de Josué — um resultado evidente da sua obediência a Deus — tenho uma pergunta a fazer.

Costumo fazê-la para mim mesma em oração todos os dias quando converso com Deus. "Há alguma área em sua vida onde não está obedecendo ao Senhor?" Não guardo esse exame da alma para o culto de domingo. Faço essa pergunta sobre mim mesma todos os dias. Vinte e quatro horas é um tempo longo... e muito pode acontecer no Departamento de Pecados nessas longas horas. Para ser uma mulher que segue a Deus de todo o coração, faço, então, todo esforço para manter minha conta em ordem com ele.

Certo dia, uma mulher aproximou-se de mim na igreja, entregou-me um pedaço de papel e disse: *Sei que você está interessada neste tipo de coisa e gostaria que lesse isto.* No alto da página havia um título: "Perguntas para fazer a si mesmo todos os dias". Uma das perguntas tocou meu coração: "Todos os meus relacionamentos estão em ordem?" Amiga, essa é uma pergunta transformadora de vida se a fizer com um coração obediente todas as manhãs e, novamente, todas as noites quando coloca a cabeça no travesseiro. Encorajo você a incluir essa pergunta em seu exame diário da alma.

Se Deus revelar um problema entre você e outra pessoa, ou alguma pequena maldade ou ira de sua parte contra alguém, algo precisa ser feito. Se perguntar: "Há alguma área em minha vida em que não esteja obedecendo a ti, Senhor?", e souber em seu coração que há algo que deve ser feito. Esta é a obediência básica.

Vamos enfrentar a situação. Não queremos fracassar nem gostamos dele. Admitimos que o pecado é penoso, mas também é um passo obrigatório da obediência que Deus nos pede. Cristo declarou: "Se me amais, guardareis os meus mandamentos" (Jo 14.15).

Com a obediência a Deus vem a alegria... e a bênção de Deus... e o tipo de sucesso dele. A mulher bem-sucedida *conhece* a palavra de Deus, *ama* a palavra de Deus, e *vive* a palavra de Deus. Estas são as chaves do sucesso na esfera espiritual que se derramarão na esfera prática do dia-a-dia. A melhor medida da vida espiritual não é quão emotiva você se sente sobre as coisas do Senhor, embora as emoções sejam importantes. Mas sim, quão obediente você é.

Avançando

A fim de avançar em seu desejo de seguir a Deus *de todo o coração*, imite o zelo de Josué. Ele amava a Deus e ao livro da lei. Temos em Josué um exemplo direto de como você pode obter sucesso segundo Deus. O Senhor está mostrando a você onde pode encontrar coragem e esperança de vitória, assim como sabedoria para cumprir as suas responsabilidades. A fidelidade de Josué às instruções cuidadosas de Deus revela o caminho. Se você amar a Deus, segui-lo e obedecer a sua palavra santa, alcançará sucesso aos olhos dele — e é isso que realmente importa!

Como pode conseguir que essa fórmula do sucesso funcione para você?

- *Reexamine* sua vida de acordo com os três componentes essenciais para o sucesso: seu coração para a palavra de Deus, seu coração para pensar na palavra de Deus, e seu coração para obedecer à palavra de Deus.
- *Abandone* sua ideia de sucesso e permita que Deus refaça os seus valores.
- *Reflita* sobre seu nível de obediência. Você tem sido tão cuidadosa quanto deveria ao fazer o que a Bíblia diz?
- *Realinhe* suas práticas e valores para mostrar a perspectiva e nível de obediência que Deus deseja.
- *Compreenda o impacto da sua obediência.* O que Deus está pedindo que faça? Obedecer faz uma grande diferença, além do que você pode pensar ou sonhar. Imagine como seria o mundo se...

Noé tivesse dito: "Não faço barcos".
Davi tivesse dito: "Não luto contra o Golias".
Maria tivesse dito: "Não quero dar à luz virgem".
João Batista tivesse dito: "Não batizo".
Paulo tivesse dito: "Não escrevo cartas".
Jesus tivesse dito: "Não aceito a cruz!"[1]
E se...
Josué tivesse dito: "Não atravesso o rio Jordão".

Seção 2

Tornando-se uma mulher corajosa

Se for plano [de Deus] que atravessemos marchando um rio, ou ataquemos uma cidade murada, ou voltemos para lutar contra um exército, temos simplesmente de avançar. Ele fará os montes desaparecerem. Os rios secarão, os muros cairão; exércitos serão desbaratados.

F. B. Meyer

5
Enfocando a grandeza

Não to mandei eu?
Sê forte e corajoso; não temas, nem te espantes,
porque o Senhor, *teu Deus, é contigo*
por onde quer que andares.
Josué 1.9

Estou vibrando! Dentro de uma semana devo viajar para o Grand Canyon a fim de fazer uma palestra em uma conferência para mulheres. Sinto bastante entusiasmo em relação ao evento e às mulheres maravilhosas que encontrarei. Não posso, porém, deixar de refletir sobre a primeira vez que visitei essa incrível e imensa garganta, uma maravilha geológica — o grandioso Grand Canyon. Nossa viagem aconteceu quando Jim e eu estávamos mudando para a Califórnia. O passeio de carro nos levou até cerca de 90 quilômetros desse cânion, uma maravilha indescritível. Estávamos tão cansados que quase não fomos até a beira do cânion; mas, decidimos ir. Oh, como fiquei contente com nossa decisão!

Lembro-me perfeitamente de estar ao lado de Jim no ponto de observação, de mãos dadas, os dois absolutamente reverentes. Da posição favorável onde nos achávamos, pudemos ver o que parecia um riacho a 1.600 metros abaixo de nós. Lemos na placa informativa que era o rio Colorado, o segundo rio mais longo dos Estados Unidos — que se estendia por 3.200 quilômetros. Ele é tão poderoso que se você ficasse em um ponto e olhasse para o rio durante

24 horas, um milhão de toneladas de areia, sedimentos, cascalho e seixos, sem mencionar água, passariam por ali. Tudo isso deslizando com muita força. Todavia, em alguns lugares, esse rio só tem cerca de quatro metros de profundidade.

Ficamos imaginando: *Como uma quantidade tão pequena de água tem uma força e poder de tal magnitude que pode cavar com o tempo uma vasta garganta de l.600 metros de profundidade?* A resposta está nas paredes do cânion. Sem as barragens verticais de cada lado para restringir, guiar e canalizar esse fluxo relativamente pequeno de água, esse volume de água talvez não passasse de um lago. Com as paredes... o mundo ganhou uma maravilha.

Espero que você esteja segurando o fôlego, e também em alguma coisa, porque Josué 1.9 mostra a força e poder que sua vida possui quando a canaliza entre as duas paredes imóveis que Deus levanta para guiá-la e dar-lhe poder enquanto segue na direção do plano dele para você.

O poder pode vir em pequenos frascos

Força. Poder. Magnífica e surpreendente. É isso que desejo que a minha vida seja e ilustre para os outros. Uma maravilha que evidencie energia oculta e influência. Um prodígio que não pode ser explicado... exceto por Deus e por causa dele.

Quando penso na minha condição de mulher, compreendo que a Bíblia descreve as mulheres como "parte mais frágil" ou "como vaso mais fraco" (1Pe 3.7; NVI e ARC, respectivamente). Todavia, qualquer mulher, independentemente de quem seja ela — fraca, pequena, limitada ou destituída — pode causar um poderoso efeito que leve outros a parar, considerar Deus, maravilhar-se com ele e glorificá-lo. Da mesma forma que o rio Colorado corre como uma simples fita no fundo do Grand Canyon, podemos fazer uma notável diferença e realizar coisas extraordinárias para Deus.

Como?

Vivendo as lições encontradas em Josué 1.8,9. Agindo como Josué. Aceitando a palavra de Deus. Crendo em suas promessas. Obedecendo a sua vontade. Contando com a sua presença. Colocando pés e asas em nossa fé em Deus. E seguindo-o de todo o coração... aconteça o que acontecer. As coisas funcionam assim. Deus nos dá uma ordem — algo que ele quer que façamos e espera a nossa obediência. A tarefa, porém, parece assustadora... ou difícil... ou até impossível... ou talvez já nos sintamos exaustas. Sabemos que ele quer nossa obediência. Nossas decisões, portanto, começam nesse ponto. Vamos obedecer ou não? Faremos ou não esse esforço? Pelo menos, vamos tentar? Como Josué, iremos "dispor-nos e passar este Jordão"? (Js 1.2), qualquer que seja ele e o que quer que envolva? Leia mais uma vez Josué 1. 9.

> Não to mandei eu? Sê forte e corajoso; não temas, nem te espantes, porque o SENHOR, teu Deus, é contigo por onde quer que andares.

A estrada para o sucesso

Vamos tratar do versículo 9 em breve; mas, primeiro, é preciso retroceder um pouco. Na seção anterior mergulhamos em Josué 1.8, referido por Dwight L. Moody, um famoso pregador do passado, como "a instrução de Deus para o estudo bíblico". Descobrimos ali os fatores que fazem parte do sucesso, como transmitido por Deus para o seu servo Josué. Aprendemos o que torna a mulher bem-sucedida aos olhos de Deus:

- ela cresce diligentemente em seu conhecimento de Deus e da sua palavra;
- ela guarda fielmente a palavra de Deus em seu coração;
- ela pensa cuidadosamente na palavra de Deus em todo tempo e em cada situação;

- ela cumpre inteiramente a palavra de Deus mediante a obediência.

O resultado? Sucesso. Prosperidade. Uma vida de paz interior, de favor e bênção, de contribuição e significado. Uma vida também de coragem, confiança e compromisso ardente. Passamos agora a Josué 1.9. Devemos avançar com coragem porque Deus está conosco.

Seguindo a Deus... aconteça o que acontecer

Quem pode nos servir de exemplo de sucesso e poder em seus empreendimentos para Deus? Pessoas com estas características:

- poder inexplicável naquilo que fizeram e disseram;
- sabedoria evidente em suas palavras;
- clareza de visão e propósito;
- força e energia para as tarefas à sua frente, sejam monótonas e diárias sejam um desafio especial.

Ao ler sobre alguns modelos de papéis para nós, não deixe de notar que, para quase todas as pessoas, seu sucesso e poder chegou em meio ao sofrimento e à adversidade. Todavia, cada uma delas deu um passo de fé e coragem ao confiar plenamente em Deus, seguindo-o em direção ao desconhecido e, na maioria dos casos, ao desagradável.

José — O sucesso não é algo que apenas acontece. Nas palavras de Charles Swindoll: "Sucesso é quando a preparação se encontra com a oportunidade". A história de José é uma das maiores histórias de sucesso na Bíblia. Sua história é registrada em Gênesis 37—50. O seu sucesso, porém, não aconteceu sem esforço. Sua venda como escravo, por dez irmãos invejosos, reduziu José, o mimado filho favorito do patriarca bíblico Jacó, à condição de servo humilde de um oficial egípcio e que, mais tarde, acabou preso em correntes (Gn 39.1-20).

Essas situações não impediram que José tivesse sucesso. Primeiro, ele encontrou favor aos olhos de seu senhor egípcio (Gn 39.4). A seguir, quando foi tratado injustamente, Deus "lhe foi benigno, e lhe deu mercê perante o carcereiro" na prisão em que se achava por causa de uma mentira (v. 21). As sugestões sábias de José, após interpretar os sonhos de Faraó, o favoreceram aos olhos do Faraó e de seus conselheiros (Gn 41.37).

Como ocorreu tal sucesso? A integridade e trabalho árduo de José em meio às dificuldades fizeram que obtivesse favor aos olhos de Deus. Embora estando em um país diferente e distante, forçado a ser um servo e prisioneiro, José seguiu a Deus de todo o coração... sem levar em conta os acontecimentos. Deus abençoou a atitude e o trabalho de José, notados por todos ao seu redor. O empenho de José em agradar a Deus resultou em sua indicação para ser o segundo no comando para o poderoso Faraó egípcio, dando a José a oportunidade de salvar o povo de Deus quando a fome se abateu sobre eles (Gn 50.20).

Daniel — Um jovem privilegiado até ser levado cativo pelos babilônios, Daniel jamais voltou para a sua família ou sua terra (Dn 1.3-6). Assim como José, ele teve escolha sobre como reagir. Poderia ter-se revoltado, ficado deprimido, desanimado ou abatido. Porém, também como José, ele decidiu concentrar-se em Deus e ser e fazer o melhor que podia no que lhe foi pedido em sua indesejável situação (v. 8,18-20). Daniel serviu fiel e determinadamente quatro reis pagãos diferentes, durante cerca de setenta anos e dois impérios. O rei Nabucodonosor, o primeiro rei, recompensou os esforços de Daniel, dando-lhe "muitos e grandes presentes" e "o pôs por governador de toda a província da Babilônia, como também o fez chefe supremo de todos os sábios da Babilônia" (2.48).

Como esse poder e sucesso aconteceram? Em uma palavra: *Deus* — "Deus concedeu a Daniel misericórdia e compreensão da parte do chefe dos eunucos" (Dn 1.9). A sobrevivência milagrosa de Daniel na cova dos leões foi confirmada pelo rei Dario com as palavras: "O Deus de Daniel [...] livrou a Daniel do poder dos leões" (6.26,27). Daniel passou a vida inteira concentrado em Deus e fazendo corajosamente sua vontade... sem se importar com o que pudesse acontecer.

Ester — A linda Ester, tirada de sua casa e colocada no harém do grande rei da Pérsia, achava-se em uma terrível situação. Da mesma maneira que outros que brilham como exemplos daqueles que superaram suas difíceis circunstâncias, Deus estava trabalhando nessa mulher hebraica, por intermédio dela e a favor dela. Por causa de Deus e do espírito amável de Ester, "a jovem agradou [o guarda das mulheres] e obteve o seu favor". Ela também "alcançou favor de todos quantos a viam". Além disso, o "rei amou a Ester mais do que todas as mulheres, e ela alcançou perante ele favor e benevolência [...], o rei pôs-lhe na cabeça a coroa real e a fez rainha" (Et 2.9,15,17).

A coragem de Ester e o seu caráter — não importa onde e em que condições — foram abençoados por Deus. Em sua grande providência, Deus lhe deu sucesso, o que lhe assegurou a posição de rainha. Como rainha, influenciou mais tarde o rei e salvou a vida de seu povo que morava naquele país (7.3; 9.24,25).

Rute — Pesquise o livro de Rute e terá uma agradável surpresa. Uma estrangeira em terra estranha, a jovem viúva Rute ganhou o coração e a admiração de todo um vilarejo. Depois da morte do marido e de seu sogro, Rute decidiu tomar a decisão ousada de sair do país e deixar sua família para acompanhar a sogra, Noemi, e aceitar seu Deus. Rute seguiu a sogra e a Deus de todo o coração e viajou para Belém (Rt 1.22).

Um negociante respeitado, Boaz, disse a respeito da atitude, esforços e ética de trabalho de Rute: "Bem me contaram tudo que fizeste a tua sogra". Boaz também notou, "Toda a cidade do meu povo sabe que és mulher virtuosa". As mulheres da cidade também notaram o coração dedicado de Rute e disseram a Noemi: "Tua nora, que te ama [...] te é melhor do que sete filhos" (Rt 2.11; 3.11; 4.15).

O favor e a bênção de Deus exaltaram essa jovem viúva, que procurou nos campos alimento para Noemi e para si, chegando à posição de esposa do próspero proprietário Boaz. Boaz e Rute tiveram um filho, Obede. E esse filho — na linhagem de Jesus Cristo, o Messias e Salvador de todos que confiam nele — tornou-se o avô de Davi.

Maria, a mãe de Jesus — A jovem Maria foi abençoada por todas as gerações (Lc 1.48, recomendo a você que leia a história de Maria que começa em Lc 1.11). Ela foi escolhida e agraciada por Deus para tornar-se o vaso humano — a mãe — que ficou grávida pelo Espírito Santo e deu à luz o Filho de Deus, nosso Salvador Jesus Cristo. Esse papel muito desejado só podia ser dado a uma mulher na história da humanidade, e essa mulher seria alguém que seguisse a Deus de todo o coração. Maria foi assim "agraciada" e "encontrou favor com Deus" (v. 28 e 30). O que mereceu tanto louvor? Não foi seu trabalho duro ou disposição amável. Não, foi um tributo a sua pessoa interior, expressado em seu "Magnificat", seu hino a Deus, quando seu coração transbordou em louvor a ele (v. 46-55).

Não sabemos a idade de Maria, mas ela estava provavelmente na adolescência quando Deus anunciou o seu plano para essa jovem. Com o coração cheio de fé, Maria seguiu corajosamente a vontade de Deus... mesmo quando não a compreendia. Maria representa um exemplo de sucesso — o preparo cuidadoso de uma vida humilde e um coração dedicado e obediente aceitando o convite divino para ser a "favorecida" entre todas as mulheres (v. 28) mesmo em face de dificuldades e tristeza. Deus honrou o coração de Maria e escolheu essa jovem que se considerava uma "humilde serva do Senhor" (v. 38 e 48). Deus, conforme afirmado por Maria, derruba os poderosos e exalta os humildes (v. 52).

Avançando

Há mais uma história a ser compartilhada — *a sua*! Quando você, como esse grupo de seguidores de Deus, concentrar o seu coração, alma, mente e força em Deus e na sua palavra, experimentará o tipo de sucesso de Deus. Por meio da sua palavra, Deus revela a sua vontade a você e lhe dá o poder que necessita para cumprir as tarefas que ele lhe designou.

Como você pode avançar em seu desejo de ser uma mulher mais corajosa? Como pode marchar através de qualquer rio que esteja impedindo o seu progresso, atacar quaisquer obstáculos e lutar contra seus inimigos?

As verdades da palavra de Deus devem estar antes de tudo em sua mente e coração. Elas devem governar cada um de seus pensamentos, palavras e obras! Afinal de contas, toda a Bíblia é para *você* — para edificar você. Ela não está aqui para preparar você para o ministério e serviço (embora faça realmente isso!). Não está aqui para conferir-lhe qualquer tipo de recompensa, certificado ou reconhecimento pelo número de versículos que memorizar (embora isso não a prejudique e, certamente, será uma grande ajuda). Não, ela está aqui para edificar *você*, mudar *você*, ensinar a *você* os caminhos de Deus, mostrar a *você* a vontade de Deus, e capacitar *você* a avançar com coragem.

Tome cuidado para que o seu foco esteja no lugar certo... e na Pessoa certa. Fixe o seu foco em Deus... e não nos seus problemas. Em seus mandamentos... e não na sua confusão. Na sua presença... e não nos seus temores. Sirva a ele, confie nele e conte com ele. Depois de o salmista ficar imaginando: "De onde me vem o socorro?", ele respondeu: "O meu socorro vem do Senhor" (Sl 121.1,2; NVI).

Ao ser energizada pela força e poder do Senhor, você pode segui-lo de todo o *coração* e cumprir as tarefas que ele lhe dá e para as quais a chama. Pode fazer tudo que precisa no seu dia-a-dia e durante toda a sua vida, aconteça o que acontecer. Esta é a definição da grandeza de Deus! Você pode educar seus filhos, ajudar seu marido, servir no ministério, auxiliar os outros e viver com sucesso a vontade e o plano de Deus para você. A palavra de Deus é força e poder — o poder para realizar a sua vontade... não importa onde esteja nem em quais circunstâncias. *Com Deus como seu foco você será forte e corajosa!*

> *Deixe que o poder e a força da palavra de Deus a energizem!*

*Não existem impossibilidades quando Deus diz,
"Avante, alma; levante-se e atravesse
este Jordão!"*

F. B. Meyer

6
Enfrentando o impossível

Não to mandei eu?
Sê forte e corajoso;
não temas, nem te espantes,
porque o Senhor,
teu Deus, é contigo
por onde quer que andares.
Josué 1.9

Em meus dias de aconselhamento bíblico, mais de uma mulher veio procurar-me com queixas que terminavam mais ou menos desta maneira: "Não consigo fazer isto funcionar, por que então tentar? É impossível!" Essas mulheres tinham desistido totalmente. Elas decidiram que *aquilo* (o que quer que fosse) simplesmente não podia ser feito. "Meu casamento não tem mais remédio." "Meus filhos não têm mais conserto." "Eu nunca poderia exercer este ministério." "Meu problema não tem solução." Essas listas de situações impossíveis para as quais elas não tinham esperanças ou soluções eram infindáveis.

O que essas mulheres, como também você e eu, podemos fazer imediatamente é tirar proveito da advertência de Deus a Josué: "Sê forte e corajoso". Do mesmo modo que Josué era quem guiava o povo de Deus para a terra prometida, temos necessidade de ser firmes e corajosas ao enfrentar nossas obrigações e papéis, nossos empregos e oportunidades dados por Deus. Como Josué, precisamos também lembrar que *o Senhor nosso Deus está conosco onde quer que andemos*. Nada é pior ou tão impossível como parece quando compreendemos que Deus está conosco em tudo que surgir à nossa frente.

Sete hábitos para ganhar força e coragem

Deus diz a Josué que seus problemas não são *problemas*, mas na verdade ele necessita de força para enfrentar as suas *oportunidades*.

> Não to mandei eu? [...] Não temas, nem te espantes, porque o SENHOR, teu Deus, é contigo por onde quer que andares (Js 1.9)

Seja forte, Josué! Fortaleça a si mesmo, encoraje a si mesmo, endureça a si mesmo, comporte-se com valentia e seja corajoso. "Você pode fazer isto porque estou com você!", é o que, em essência, Deus nos diz.

Enquanto refletia sobre ser forte no Senhor — determinada, resoluta, cheia de fé — tive de acenar com a cabeça e dizer: "Sim!", de modo muito positivo. Senti que eu fazia parte de todas as minhas *respostas negativas...* até que assimilei o conceito de *ser* forte. Veja bem, a minha rotina começa praticamente do mesmo jeito a cada dia. Acordo — geralmente antes de o despertador tocar — e minha mente enlouquece. Voltar a dormir é praticamente impossível. Minha mente é como um disco que começa com a mesma música todos os dias: "Tenho tanta coisa a fazer! De fato, tenho coisas demais a serem feitas! Não vou conseguir terminar tudo!" No passado, antes de aprender Josué 1.9, meu processo mental concluía: "Por que então tentar? Afinal, é impossível. Não vale nem a pena começar!"

No entanto, graças à firmeza e instruções enfáticas de Deus para ser forte e corajosa, minha mente está se fortalecendo. Comecei a me habituar a ser forte em Cristo (sem me importar com o dia ocupado e impossível que tinha à frente nem com meu trabalho ou desafios diários). Entrei deliberadamente no meu rio Jordão, dando o primeiro passo audacioso em meus dias impossíveis. Adotei também sete hábitos que continuam a ajudar-me a encontrar uma força fenomenal, inexplicável, para viver ativamente a vontade de Deus. Então, e só então, tenho uma oportunidade de tornar-me como o rio Colorado, que começou seu processo de erosão e continuou correndo enquanto escavava o Grand Canyon... e continua fazendo isso.

1. *Conhecer o caráter de Deus.* Se você abrir sua Bíblia em Números 14.9, descobrirá que Josué, aos 40 anos, estava entendendo algumas coisas sobre o caráter de Deus. O Senhor prometera vitória a seu povo, e Josué encorajou as massas descontentes dizendo: "Tão-somente não sejais rebeldes contra o Senhor e não temais o povo dessa terra; porquanto, como pão, os podemos devorar; retirou-se deles o seu amparo, o Senhor é conosco; não os temais."

Deus dera e continuaria a dar a vitória a seu povo. A própria natureza do Senhor não poderia e não permitiria que ele descumprisse suas promessas. Josué, portanto, poderia seguir com coragem e força de propósito para a batalha, sabendo que Deus lhe assegurara a vitória. Deus não o desampararia nem deixaria que fracassasse.

Essa mesma compreensão do caráter de Deus dará também confiança a você. Deus prometeu sua presença e lhe assegurou a vitória final. Mostre, então, confiança enquanto atravessa cada dia e procura seguir a Deus de todo o coração. O apóstolo Paulo coloca isso da seguinte forma: "Graças, porém, a Deus que, em Cristo, *sempre* nos conduz em triunfo" (2Co 2.14). Você crê nisso? Confie, portanto, em Deus ao enfrentar e disputar suas batalhas.

2. *Aceite o plano de Deus para você.* Deus deu a Josué um encargo claro, específico, enorme. A tarefa à sua frente não seria fácil, mas ele sabia o que fazer. Deus também deu encargos a você e a mim. No meu caso:

Cena 1: Sou uma esposa. Isto significa que o cuidado humano de meu marido é incumbência minha. Ele é a pessoa principal em minha lista de afazeres diários. Amar e cuidar de Jim é a vontade de Deus para mim. É onde meu segundo esforço e energia devem ser usados (meu primeiro esforço é para Deus!).

Em seu livro *Let me be a woman* [*Permita que eu seja uma mulher*], Elisabeth Elliot escreve: "Quando você faz uma escolha, aceita as limitações da mesma. Aceitar limitações requer maturidade. Fazer isso representa não fazer aquilo. Ser isto representa não ser aquilo. Portanto, ser casada representa não ser solteira. O que pode querer dizer não ter uma carreira". A sra. Elliott também disse: "Casar-se com este homem representa não se casar com todos os outros".[1] (E acrescentaria: nem sequer *olhar* para os outros.)

A escolha é uma limitação em si. Quando você se casa, recebe um novo encargo. Pode lutar e irritar-se contra sua obrigação ou ceder a ela, aceitando que é atribuída por Deus e sabendo que representa o caminho dele para a sua vida. Pode dar-se inteiramente ao seu casamento, sabendo que está seguindo a vontade de Deus. Não esqueça também do que Deus prometeu em Josué 1.8: "Os seus caminhos prosperarão e você será bem-sucedido" (NVI). (Dedicar-nos completamente a nossos casamentos e a nosso marido é o caminho para bênçãos incomensuráveis, indescritíveis e ilimitadas. É a estrada do sucesso.)

Cena 2: Quando Jim e eu nos tornamos pais, recebi outro encargo do Senhor — ser a melhor mãe que pudesse ser. É claro que amava demais meu bebê! Porém, de repente, tinha um novo sacrifício. Não deveria apenas sacrificar-me por meu marido, mas, agora, sentia o que significava sacrificar-se por um filho. Deixar de lado outras coisas (durante décadas!) e dedicar muitos anos para cuidar, treinar, educar e criar nossa filha. E quando ela era ainda pequena, quem se levantava no meio da noite, quando chorava ou tinha uma necessidade? Quem desistia de seu direito a uma boa noite de sono? (Comecei pensando em escrever "ele ou ela", mas sabemos quem geralmente faz isso, não é?) Depois, Jim e eu tivemos outra filha, e os sacrifícios necessários aumentaram. Quando as meninas ficaram maiores, quem dormia com um olho e ouvido abertos até saber que todos haviam chegado em casa do trabalho, aulas, estudos e diversão com amigos? E quando o ninho ficou vazio, quem se encarregou de cultivar relacionamentos a longa distância? Você sabe a resposta, não é? Eu... e você em sua casa... porque somos mães!

Uma mãe bíblica, Ana, mostra-nos o sucesso do enfoque e força (leia sua história inspiradora em 1Samuel, capítulos 1 e 2). Ana teve um encargo difícil. Ela era uma esposa dedicada a Elcana. Sua vida e casamento representavam, porém, desafios porque havia outra esposa. Essa segunda esposa deu filhos a Elcana, mas Ana permaneceu estéril por muitos anos. Deus, finalmente, atendeu ao desejo de Ana, ela teve um filho e surgiu ao mesmo tempo uma situação que exigiu uma dedicação pouco usual. Deus deu a Ana e Elcana o pequeno Samuel, a quem eles educaram e ensinaram diligentemente sobre Deus durante três anos...

Como o rio Colorado escavando o Grand Canyon, algo magnífico acontece quando sua vida é canalizada entre as duas paredes da vontade de Deus e da sua presença.

já, no segundo ano, eles entregaram o seu pré-escolar ao sacerdote para ser criado por ele no templo — como Ana prometera a Deus. É verdade, Ana teve uma obrigação mais difícil que a costumeira. Contudo, ela obedeceu a Deus em tudo. Guardou a lei, manteve o voto nazireu que fizera e cumpriu sua promessa a Deus de devolver a ele o pequeno Samuel para uma vida inteira de serviço.

Quando os cristãos de hoje procuram uma mãe-modelo excelente, muitos pensam primeiro em Ana. De fato, tenho um livro de pesquisas que cita Ana como "a mulher que personifica a maternidade ideal".[2] Como termina a história de Ana? Depois de seguir a receita de Deus para o sucesso e fortalecer-se com coragem durante o caminho todo ao deixar o filho com um sacerdote, Ana teve mais cinco filhos! Ela dedicou-se a eles, mantendo sempre um relacionamento a distância com seu primeiro filho. Ana foi uma mãe bem-sucedida e corajosa, e Samuel tornou-se um servo bem-sucedido e profeta de Deus, um líder e juiz do povo de Deus, um homem fiel na oração.

Você (e eu também) deve ser forte para que venha a experimentar sucesso em seus empreendimentos. A força surge por meio do conhecimento de suas obrigações, o que causa certas limitações. As limitações servem para aguçar o seu enfoque e canalizar a sua energia. Saber o que *deve* fazer mostra o que *não pode fazer* (ou do que deve desistir, pôr de lado, adiar). Essas limitações criam um foco poderoso, singular. Assim como o rio Colorado escavando o Grand Canyon, algo magnífico acontece quando sua vida é canalizada entre as duas paredes da vontade de Deus (revelada mediante suas ordens e atribuições de trabalho) e da sua presença prometida. Quando a vontade de Deus parece impossível, a promessa da sua presença (e tudo que ela inclui — seu poder, sua orientação, sua sabedoria, seu consolo, sua provisão, seu encorajamento) fortalece você para dar o primeiro passo e prosseguir.

3. *Aproximar-se de mulheres cristãs mais velhas.* Quando você fica na presença de irmãs em Cristo mais experientes e espiritualmente amadurecidas, você cresce. Sente imediatamente a força e o poder que emana delas. Ao achegar-se a elas tem a oportunidade de observar como lidam com a vida, as pessoas e os problemas. Pode notar como pensam com clareza e agem com sabedoria. Vê como o tempo e as experiências dessas mulheres as ensinaram sobre Deus e sua provisão. Receberá uma infusão de força!

Há certas mulheres de quem obtenho algo, mesmo quando estou apenas perto delas: pistas sobre a sua força, graça, coragem. Conheço uma mulher que pediu à esposa do pastor para acompanhá-la à sala de parto quando seu marido estava no Iraque e seu filho nasceu, porque queria uma testemunha credenciada para o seu comportamento nessa situação difícil. Portanto, escolheu a mulher do pastor! A presença dessa mulher mais madura fez brotar nela certa estabilidade. Recebeu da mulher mais velha uma infusão de força e confiança em Deus.

4. *Não ouça o mundo*. Isto pode provocar um choque ou surpresa, mas sua televisão e sua programação diária geralmente não ajudam você a ser uma mulher cristã forte. É verdade que há ótimos programas cristãos, mas, em geral, a televisão não ajuda você a enfocar Deus e os papéis que ele lhe deu como mulher segundo o seu coração. Ligue a televisão e seja bombardeada pelos padrões mundanos, que podem criar confusão e tentação. Quanto mais ouve e vê, mais incerta pode tornar-se quanto a ser uma mulher cristã e o que deve ou não fazer. Por quê? Porque está ouvindo o mundo, que está dando e promovendo informação falsa. Quando está indecisa, pode ficar indecisa, dividida sobre o que fazer. Você se torna instável. O que está buscando é uma mensagem clara... a mensagem de Deus encontrada em sua palavra. Essa mensagem única, esse foco, lhe dará força. Trará coragem para o que o seu dia — e sua vida — reserva para você.

5. *Diga: "Alguém deve...", e preencha o espaço em branco*. Aprendi isso no livro de Edith Schaeffer, *What is a family?* [O que é uma família?] Em todo o livro, ela escreve: "Alguém deve", e, depois, preencheu o espaço com o que estava ensinando. Preencher o espaço em branco me ajuda a resistir e a encorajar a mim mesma para vir a ser forte e corajosa. Digo a mim mesma: *Alguém deve fazer isto... e serei eu.*

Uma das coisas que a sra. Schaeffer mencionou no primeiro capítulo de seu livro foi o seguinte: "Alguém tem de fazer da família uma carreira. Alguém tem de despender tempo e esforço para fazer uma família acontecer".

Quem será esse alguém? Se não for a mulher, a esposa, a mãe, quem será essa pessoa? A resposta será provavelmente ninguém. Alguém precisa dar o tempo, o esforço, o trabalho árduo, o sacrifício e o planejamento para tornar uma família bem-sucedida. Alguém tem de ter a certeza de que essa família é importante (mesmo enquanto o mundo nos diz que o "eu" é que conta). Alguém terá de passar o restante da vida pagando o preço de ter uma família. A sra. Schaeffer termina o primeiro capítulo com a seguinte declaração: "As famílias individuais que compõem a sociedade precisam realmente ser trabalhadas por alguém".[3]

Se a ideia de que "alguém tem de fazer isto ou aquilo" ajuda você a decidir tornar o seu compromisso com as atribuições do seu trabalho como esposa e mãe mais definitivo e avançar apoiada nessa convicção, ótimo! *Alguém precisa fazer isso...*

6. *Estudar a palavra de Deus.* G-o-s-to demais de ler sobre a vida de Davi na Bíblia. Aprecio especialmente a parte em que ele luta contra o gigante Golias (1Sm 17). Davi era apenas um menino pastor. Ele passava os dias ao ar livre com as ovelhas... mas também os passava *com o Senhor.* As horas e dias solitários cuidando dos animais eram transcorridos com hinos de louvor a Deus, tocando sua lira e meditando sobre o Senhor e seu cuidado, proteção, provisão e promessas.

> *Você enxerga mais claramente quando está perto de Deus, passando tempo em sua palavra.*

Certo dia o pai de Davi o enviou à frente da batalha para levar alimento aos seus irmãos mais velhos. Depois de chegar ali, Golias surgiu no campo de batalha e ameaçou novamente o povo de Deus. Zombou deles e menosprezou seu Deus. O resultado? Os soldados israelitas entraram em pânico e fugiram. Davi, no entanto, que tinha outra perspectiva por ter passado muito tempo concentrado em Deus, disse, em essência, aos guerreiros: "Não deixem esse sujeito falar com vocês desse modo. Ele é grande, mas vocês são o exército do Deus vivo!" Davi era como a criança que vê as coisas como elas são na realidade e diz isso (lembra-se da história da *Roupa nova do rei*?). O menino pastor pôde observar o que os guerreiros experimentados não conseguiam ver. Por ter estado próximo de Deus, ele via as coisas de modo diferente — e tinha razão.

O mesmo se aplica a você! Quando fica perto de Deus, passando tempo com sua palavra, você vê claramente. Vê uma situação pelo que realmente é. Possui força, coragem, sabedoria e a perspectiva adequada. Tudo isso porque esteve concentrada em Deus!

7. *Lembre-se das mulheres junto à cruz.* Essa frase é a minha favorita para obter força e coragem "quando tudo o mais falha". Lembro-me das mulheres junto à cruz e do túmulo de Jesus. Sempre que leio Marcos, capítulos 15 e 16, surpreendo-me com o fato de um pequeno grupo de mulheres ter permanecido com o Senhor até o fim, mesmo quando seus discípulos mais íntimos — os homens — o deixaram! Essas mulheres ficaram perto da cruz durante a terrível tortura e sofrimento de Jesus. A dedicação delas não terminou com a morte dele. Essas mulheres seguiram aqueles que levaram o corpo do Senhor até o túmulo onde ele foi colocado.

A dedicação delas, mesmo assim, não terminou. Voltaram às suas casas depois do pior dia de sua vida e prepararam-se para o sábado. Continuaram a servir fielmente ao Senhor, comprando e misturando as especiarias para ungir seu corpo morto: "Passado o sábado [...] compraram aromas para embalsamá-lo" (Mc 16.1).

Você e eu poderíamos pensar: *Acabou. Vou continuar com a minha vida agora.* Mas não foi isso que aquelas mulheres fizeram. Bem cedo pela manhã, após o sábado, todo o trauma da crucificação e a temível escuridão do dia anterior, elas foram ao nascer do sol até o túmulo onde o corpo de Jesus fora colocado.

Nossa tendência humana natural é procurar brechas, buscar uma desculpa ou razão que impeça nossa presença ou ação. Aquelas mulheres foram ao sepulcro sem saber quem removeria a grande pedra da porta do túmulo (v. 3). Depois desse versículo, escrevi em minha Bíblia: "Elas não permitiram que uma pequena coisa como uma pedra maciça as impedisse de ir".

Extraí forças dessas mulheres valentes que suportaram um dia tumultuado que terminara com o horror da crucificação de seu Senhor e Salvador. Elas queriam fazer todo o possível por ele. Se eu tivesse experimentado até mesmo parte do que essas mulheres enfrentaram, talvez tomasse duas aspirinas e ficasse de cama dois ou três dias a fim de recuperar-me do trauma. Sempre que desejo tomar um atalho, ignorar algo importante ou arriscado ou, de alguma forma, menosprezar minha família, lembro-me das mulheres junto à cruz. Elas serviram fielmente em meio à extrema dificuldade. Que você e eu possamos ser tão fiéis assim!

Avançando

A vida nos apresenta regularmente escolhas. Você pode escolher como pensará e agirá e sobre o que pensará e agirá. Pode contrariar as Escrituras e reagir às situações com ansiedade, ira, tristeza, frustração... ou pode dominar seus pensamentos e concentrá-los entre as duas paredes rochosas e sólidas do cânion de Deus.

- A vontade de Deus — "Não to ordenei eu?"
- A presença de Deus — "Estarei contigo onde quer que andares."

Quando Deus pede (ou ordena, como fez com Josué) que você faça algo que parece impossível, obedeça! Dê esse primeiro passo com coragem. Não pense em tudo que pode acontecer. Não se preocupe com a estrada à sua frente. Decida dirigir seus pensamentos entre essas duas paredes divinas. Quando fizer isso, sua vida ganhará força divina. Você será forte, poderosa e não desanimará enquanto avança bravamente, sabendo que Deus estará com você em tudo o que lhe acontecer. Jesus mesmo foi quem disse: "Para Deus tudo é possível" (Mc 10.27).

*Quem teme a Deus não precisa temer mais nada,
e quem não teme a Deus precisa
temer tudo o mais.*[1]

7
Lutando contra seus medos

Não to ordenei eu?
Sê forte e corajoso,
não temas, nem te espantes,
pois o Senhor, teu Deus, é contigo
por onde quer que andares.
Josué 1.9

Você já teve medo do futuro? Ficou incerta sobre as suas habilidades? Insegura de si mesma? Não sei sobre você, mas tenho momentos assim quase todos os dias: ao encarar um dia impossível, enfrento novos desafios, as muitas possibilidades de fracasso e pessoas que nem sempre são amigáveis ou cooperativas. Penso em como seria muito mais fácil cancelar todos os compromissos, deixar de lado o trabalho e ficar em casa o dia todo. Por que então tentar? Mas Deus tem trabalho para mim — trabalho importante! Ele tem um plano que, de alguma forma, surpreendentemente, envolve-me. Luto então contra os temores e dúvidas que se me apresentam com tanta regularidade e me apoio na força de Deus.

Josué deve ter-se sentido assim quando Deus revelou seu propósito e tarefa especiais para ele. No primeiro capítulo de Josué, Deus fala de coração a coração com seu servo hesitante e temeroso. Quais foram as instruções de Deus? *Josué, há uma terra a conquistar e uma guerra a ser travada. Você é um guerreiro e quero que atenda ao meu chamado e dirija a batalha.*

Josué talvez tenha pensado: *Como posso avançar e seguir essa ordem espantosa e aterradora? Como posso dar o primeiro passo?* Deus ensina como fazer isso a ele! Começa ordenando a Josué que leia a sua palavra para memorizá-la e fazer tudo o que ele diz (Js 1.8). Logo após, lemos essa ordem do Senhor, com outros comandos: "Dispõe-te, agora, passa este Jordão [...]. Não to ordenei eu? Sê forte e corajoso" (v. 2,9).

Em nove versículos, não lemos nenhum diálogo nem intercâmbio verbal entre Deus e Josué. Não, é tudo *Deus* — Deus *falando* a Josué, *ordenando* a Josué, *fortalecendo* Josué, *instruindo* Josué, *fazendo e repetindo promessas* a Josué. E quando Deus falou, Josué ouviu. Ele, porém, deve ter ficado com medo porque quatro vezes nesse capítulo inicial Deus se dirige aos temores de Josué e o encoraja grandemente (v. 6,7,9,18). O versículo 9, entretanto, acrescenta duas admoestações negativas e uma promessa.

Vamos examinar primeiro a promessa.

Creia na promessa de Deus

Ouvi muitas vezes que "a provisão de Deus nunca faltará a sua obra". Foi exatamente isto que Deus ofereceu a Josué. Qualquer que fosse a tarefa, desafio, missão impossível, ou se Josué teria outra pessoa que o acompanhasse sempre ou não, não importava o que estivesse acontecendo, onde quer que estivesse ou o que quer que enfrentasse, Deus prometeu a *sua presença*. Deus assegurou a Josué que estaria com ele durante a batalha em toda a campanha da conquista da terra — e depois dela. Deus estaria com Josué durante toda a vida deste.

Você pode confiar na força de Deus!

Você também pode contar com a promessa divina. *Ele* estará com *você* a partir do momento em que aceitar seu Filho como Senhor e Salvador e por toda a eternidade! Da mesma forma que Josué, você pode pôr bravamente em prática as ações ameaçadoras e difíceis que deve executar enquanto vive a vontade de Deus para você.

Fique atenta aos "não"

Na hipótese de Josué estar ainda um tanto atemorizado com a ideia de avançar, Deus o advertiu com duas proibições:

- não temas;
- não te espantes.

Não temas — O medo não está reservado só para os fracos. Josué era líder de líderes e guerreiro, com um currículo aprovado em questão de guerras; Deus, todavia, passou tempo considerável incentivando a coragem de Josué e advertindo-o sobre os perigos do medo. Deus conhecia o futuro e sabia que os seres humanos tendem a preocupar-se e duvidar — sejam eles quem forem. Assim, na hipótese de que Josué tivesse de enfrentar um inimigo "superior" (e isso certamente aconteceria — havia gigantes na terra!), e no caso de ser tentado a sentir medo (quem não sentiria?), Josué poderia fazer um retrospecto sobre esse incrível encontro com Deus e lembrar o encorajamento e apoio que Deus dera para começar — e terminar! — uma comissão divina. Deus também ajudará você a lutar contra seus medos!

Lembre-se do seu encontro com Deus — Reporte-se a esse momento, ao dia em que conheceu Jesus e colocou sua vida debaixo da orientação dele. Quando Jesus entrou em sua vida, ele prometeu ficar. Disse que nunca a deixaria e nunca a abandonaria (Hb 13.5). Você crê nele? Fé e confiança em seu Salvador ajudarão você a lutar contra seus medos — quaisquer medos, das pessoas, da necessidade, da perda, da batalha ou do futuro. A fé combate o medo!

Examine as promessas de Deus — Deus passou tempo lembrando Josué das promessas, relativas à invasão da Terra Prometida, que fizera a Moisés. Deus disse a Josué: "Todo lugar que pisar a planta do vosso pé, vo-lo tenho dado, como eu prometi a Moisés" (Js 1.3). A seguir o Senhor acrescentou mais este lembrete: "Ninguém te poderá resistir todos os dias da tua vida; como fui com Moisés, assim serei contigo; não te deixarei, nem te desampararei" (v. 5).

Deus nos tem feito inúmeras promessas grandes e maravilhosas, abrangendo tudo, desde a salvação até a vida eterna, do novo nascimento a uma casa final no céu, dos novos começos à maturidade espiritual e grande utilidade no corpo de Cristo. Deus prometeu a Josué a sua presença, e essa promessa ainda vale para nós hoje. De fato, Deus prometeu em sua palavra não reter qualquer coisa boa de nós e nos dar todas as coisas boas (Sl 84.11; Rm 8.32)! Não espere, portanto, até que surja um desafio e o seu medo comece a crescer. Ataque o medo *antes* que ele comece, revendo regularmente as promessas de Deus e guardando-as no coração.

Não te espantes. Você apreciará essa pequena porção de instruções negativas. Deus está dizendo a Josué para não ficar deprimido nem desanimado. A depressão, em geral a irmã gêmea do medo, é um grande problema para as pessoas e, infelizmente, com frequência ataca os cristãos. Temos, porém, uma opção! Podemos *recusar* assustar-nos. Decidir-nos a não ficar deprimidas. Em vez disso faça estas escolhas:

- *lembre-se de seu Pai.* Você é filha do Deus do universo. Tem uma herança real. Não há razão alguma para sentir-se desanimada ou assustada como filha do Rei dos reis;
- *recapitule as promessas,* especialmente esta: "Visto como, pelo seu divino poder, nos têm sido dadas todas as coisas que conduzem à vida e à piedade" (2Pe 1.3). Com uma promessa dessas, você nunca precisa temer, duvidar nem preocupar-se!

Força em meio ao temor

Deus diz: *Seja forte*. No que você pensa quando ouve ou lê a palavra "forte"? Que imagens entram em sua mente? Meus pensamentos correm para halterofilistas, lutadores, guerreiros e soldados. Penso também em rochas e pedras dos montes Granite, perto do lugar onde nasci em Oklahoma. Lembro igualmente do aço. E, é claro, de força interior — algo no caráter do indivíduo que passa por dificuldades, que age e fala por ser essa a coisa certa a fazer, que avança em direção a um alvo ou propósito sem se importar com o custo ou os obstáculos, que suporta adversidades severas, provações e maus-tratos.

Quando Deus disse a Josué: "Sê forte", era uma ordem, algo que Josué devia fazer. Tal força não é um fruto do Espírito Santo exibido quando andamos em harmonia com Deus (ver Gl 5.22,23). Não é algo que surge automaticamente com a salvação por meio de Cristo. Não tem nada que ver com a posição do crente em Cristo. Não, Deus estava ordenando a Josué que "fosse forte" para fortalecer-se, encorajar-se, endurecer-se e comportar-se com valentia.

Deus está dizendo a Josué que ele deve avançar para a batalha e conquistar a terra do outro lado do rio Jordão... quer deseje isso quer não, quer esteja querendo isso quer não, quer ache que pode vencer quer não, é dito basicamente a Josué: "Faça!" Ele não deve mostrar-se fraco, frágil nem amedrontado a respeito dessa ordem. Deve ser forte e avançar.

Poder, força e momentum surgem quando você passa a andar na vontade de Deus.

Você e eu temos de fazer o mesmo. Quando tudo em nós se irrita ou recua ante a tarefa que deve ser feita, suportada ou terminada, devemos ficar em pé, endireitar os ombros, levantar os olhos e apenas agir. Temos de nos fortalecer, encorajar, desafiar, olhar de frente, e, depois, *entrar* ousadamente no trabalho a ser executado — entrar nas águas do Jordão — antes de poder cruzá-lo e conquistá-lo.

Como o rio Colorado formando o Grand Canyon, ao começarmos a avançar entre as duas paredes maciças da vontade de Deus de um lado e sua presença do outro, descobriremos força suficiente para a tarefa. Poder, força e *momentum* virão ao começarmos a caminhar — ou até andar na ponta dos pés! — seguindo em frente... aconteça o que acontecer. F. B. Meyer escreve com eloquência a esse respeito,

> Cada quilômetro quadrado [da Terra Prometida] precisava ser conquistado da mão do povo que a possuía. "A sola do pé" devia ser colocada para reivindicar e tomar posse. As cidades eram deles, mas tinham de entrar nelas; as casas que não edificaram eram deles, mas era preciso habitá-las. Os trigais nos vales férteis e as vinhas nos terraços das encostas eram deles. Deviam, porém, tomar posse deles. [As bênçãos de Deus] só são nossas quando nos utilizamos das mesmas. Daí a necessidade de "ser forte e corajoso".[2]

O que está à sua frente?

Você está olhando para um dia praticamente impossível? É inverno enquanto escrevo.

Minha filha Katherine mora em Nova York onde os invernos são terríveis. Ontem ela começou o que julgava ser um dia "normal". Deixou dois filhos na escola e voltou para casa, a fim de encarar uma segunda-feira cheia. (O que há de novidade nisso?) Ela desceu até a lavanderia no porão para iniciar as muitas lavagens de roupas na máquina, mas descobriu que um cano vazara, e o chão estava completamente alagado. Pensou no duplex ao lado — que se achava vago e seu marido acabara de reformar — e correu para lá, encontrando-o também alagado, assim como a cozinha acima dele por causa de outro vazamento.

Katherine entrou em ação. Telefonou ao marido pedindo informações, chamou o agente de seguros e começou suas primeiras cinco horas enxugando o chão, tirando água e mudando as coisas de lugar.

Hoje (segundo dia) o encanador chegou e descobriu ainda outro cano quebrado no quarto principal da casa, que inundara a garagem onde ela e o marido tinham colocado a mobília. Todo o trabalho árduo de Paul — pintura, colocação de telhas e assoalho de madeira — ficou perdido dos dois lados da casa, assim como também perderam grande parte da mobília e outros bens.

Sou uma cristã muito orgulhosa de minha filha! Os *e-mails* que me enviou contaram seu choque, suas preocupações, seus desafios, os detalhes da catástrofe... mas também falaram de sua atitude de "arregaçar as mangas" e entrar em ação. Suas conversas eram salpicadas de agradecimentos a Deus pela inundação não ter sido pior, por não ser uma tragédia tremenda, que, conforme seus filhos menores disseram: "Tudo bem, mãe. São só coisas".

Katherine fortaleceu-se para a sua batalha, seu problema, sua segunda-feira sombria surpreendente, seu rio Jordão quase literal. Não perguntei, mas deve ter havido lágrimas — afinal de contas, era sua *casa*. No entanto, ela foi forte. Enfrentou o problema. Ela, como Josué, seguiu as instruções de Deus para ser *forte* ao encontrar gigantes... e situações gigantescas... e penosas. Ela entrou na vontade de Deus nos dias em que lutou contra o desastre.

Enfrentando os seus gigantes

A situação de minha filha Katherine parece algo trivial e "comum" quando comparada com o que está à sua frente hoje. Porém, cada problema — cada gigante! — e todas as perturbações devem ser confrontados da mesma forma e com a mesma decisão, força e graça que só têm origem em Deus. O que está à nossa frente é a vontade de Deus para nós neste minuto e neste dia. Temos nossos desafios pessoais. Nossos Jordões e devemos levantar-nos, atravessá-los e chegar até o outro lado.

Você talvez esteja passando por uma situação amedrontadora de vida ou morte, quanto a sua própria vida ou a de um ente querido. Conheço essa cena melhor do que gostaria. Tenho uma filha que precisou remover recentemente um tumor no pulmão e enfrentou os terrores do câncer. Tenho também uma cunhada que está fazendo quimioterapia para um câncer recém-diagnosticado. Um irmão morreu há pouco tempo de câncer depois de suportar valentemente vários tratamentos. E já perdi uma cunhada por causa dessa doença.

A lista de desafios temíveis, angustiosos, que encontramos não termina. Ela se estende para além de propriedades arruinadas, catástrofes e câncer. Susanna Wesley (mãe de João e Carlos Wesley) teve dezenove filhos, dez dos quais morreram antes dos 2 anos, e cinco morreram no espaço de quatro anos. Uma de suas filhas nasceu com um defeito físico.

Fanny Crosby, um dos pássaros canoros de Deus e escritora de mais de oito mil hinos, acordou cega durante os 95 anos de sua vida. Os missionários cristãos John e Betty Stam acordaram certa manhã e seguiram a estrada do martírio por decapitação. Dale Evans Rogers acordou todos os dias sabendo que a doença de sua filha pequena a mataria antes dos dez anos. Catherine Marshall, em espírito de oração, sentou-se ao lado do corpo da neta recém-nascida, toda entubada, e atravessou cada um desses dias das seis semanas em que a menina viveu de forma penosa.

A vitória é sua!

A sua vida, porém, não se limita a fracassos. Josué 1.9 fala de vitória! Fala de enfrentar os seus medos e seus gigantes confiando em Deus, atravessar os seus rios e conquistar o desconhecido, sem desanimar ou se espantar. Foi isso que Josué fez porque Deus ordenou que agisse desse modo em seguida.

Como a vitória é alcançada? O que nos dá a capacidade de pensar corretamente e tomar decisões acertadas sob coação? Manter a cabeça fria e resistir à tentação de ceder à tristeza ou depressão? Onde obteremos a energia e a coragem necessárias para respirar fundo e dar o primeiro passo, entrando na vontade de Deus e em nosso desafio presente?

- A vontade de Deus — *Não te mandei eu?*
- A presença de Deus — O Senhor teu Deus é contigo, por onde quer que andares.

Deus dá as ordens e vai conosco! Ele revela a sua vontade para nós e anda junto a nós, fortalecendo-nos enquanto obedecemos à sua vontade. E a nossa parte? "Sê forte e corajoso; não temas, nem te espantes, porque o Senhor, teu Deus, é contigo por onde quer que andares" (Js 1.9); "Dispõe-te, agora, passa este Jordão" (v. 2). Essas instruções e verdades nos enchem de força... força para avançar, para continuar avançando e triunfar sobre todas as dificuldades, vivendo o plano de Deus.

Avançando

Sua coragem está um tanto fragilizada no momento? Você se sente esmagada ou quase esmagada por assuntos desagradáveis e responsabilidades exigentes? Seus medos estão vencendo você? Anime-se e lute contra seus temores lembrando-se destes princípios fundamentais:

- *A oração afasta o medo e as dúvidas.* A Bíblia diz para você não duvidar, pois a mulher que duvida é inconstante em todos os seus caminhos (Tg 1.6-8). Ore, portanto, afirma o versículo 5! Há uma força esplêndida, inexplicável em conhecer a vontade de Deus. Ela incentiva você a segui-lo com poder e coragem. Examine a Bíblia *para conhecer a instrução de Deus e* peça por ela mediante oração. Uma vez que a encontre, siga em frente! Nada de imaginar, duvidar ou temer. Não deseje também que sua vida seja diferente. Apenas obedeça à vontade de Deus.

- *O fato de concentrar-se na linha de chegada diminui o medo.* Você, como cristã, sabe que passará a eternidade com Deus. Haverá menos temor de seguir a Deus quando você mantém os olhos nesse alvo — a linha de chegada do céu. Haverá, desse modo, poucas palavras vazias e hesitações quando você mantém viva e ativa a promessa da vida eterna com Jesus. Não importa o que aconteça ao longo do caminho da obediência à vontade de Deus e cumprimento do seu plano, você sabe que experimentará a plenitude de alegria e delícias perpetuamente (Sl 16.11).
- *Os momentos de avanço afastam o medo.* O fato de prosseguirmos empurra o medo para o lado. Como a bola de neve que rola por uma encosta, você ganha velocidade, massa e *momentum* ao avançar e fazer o que Deus pede. Descobrirá em breve que seus temores ficaram para trás.

Quando você ora, concentre-se no seu futuro e avance ousadamente. Você está seguindo a Deus de todo o coração (Sl 63.8).

*Não temas, porque eu vou contigo;
não te assombres, porque eu sou o teu Deus;
eu te fortaleço, e te ajudo, e te sustento
com a minha destra fiel.*

Isaías 41.10

8
Contando com a presença de Deus

Não to mandei eu?
Sê forte e corajoso;
não temas, nem te espantes,
porque o SENHOR, teu Deus é contigo
por onde quer que andares.
JOSUÉ 1.9

Gosto muito de morar nas matas pouco populosas na parte ocidental do Estado de Washington. Jim e eu estamos a quase 10 quilômetros do sinal de Pare da cidade (e também o único). A maioria do nosso punhado de vizinhos fica escondida de nossos olhos por enormes árvores: cedros, abetos e pinheiros. À noite, tudo que podemos ouvir é o som de "nada". De fato, e isso pode ser difícil de acreditar, tudo é tão silencioso que temos dificuldade para dormir sem a ajuda de um aparelho de som. Essa parte tranquila da terra de Deus é um excelente lugar para um escritor. Gosto da solidão... desde que tenha o meu Jim ao meu lado. Agora que penso a respeito disso, talvez eu não seja uma pessoa tão solitária assim!

Poucas pessoas neste mundo gostam de ficar sozinhas... pelo menos durante longos períodos. E isto é bíblico. Deus nos criou para sermos seres sociais. Desde o início dos tempos, ele sabia que os seres humanos precisavam de companhia. Deus disse: "Não é bom que o homem esteja só, farei para ele alguém que o auxilie" (Gn 2.18, NVI). Deus criou Eva para Adão, para ser sua companheira, e os dois se tornaram o primeiro casal. Se você não é casada, Deus lhe deu amigos e família para lhe fazer companhia. Você tem também a família da igreja que a acompanhará nos bons e nos maus tempos.

Companhia está disponível. Mas quando Deus disse: "Não é bom que o homem esteja só", ele poderia muito bem ter falado sobre o lado espiritual do companheirismo.

O Deus que está lá

Dois livros favoritos que Jim e eu lemos juntos foram *The God who is there* [*O Deus que está lá*] e *He is there and he is not silent* [*Ele está lá e não está em silêncio*], escritos pelo falecido Francis Schaeffer. Esses livros são um guia para o leigo no que se refere a Deus e como podemos conhecê-lo. Um tema proeminente é a onipresença de Deus, significando que Deus está presente em toda parte e sempre. Ele é o Criador e sustentador do universo. A Bíblia inteira está repleta de centenas de versículos falando sobre a presença de Deus. O salmista pergunta retoricamente, "Para onde me ausentarei do teu Espírito? Para onde fugirei da tua face?" Ele passa os cinco versículos seguintes afirmando esta breve resposta: *Em lugar algum*! Seja no lugar mais afastado da terra seja nas profundezas do oceano, seja na noite mais escura, Deus está presente (Sl 139.7-12).

O Deus que não está em silêncio

A promessa da presença de Deus para Josué foi uma grande novidade. O guerreiro se achava prestes a travar a maior batalha da sua vida. Em termos humanos, as probabilidades estavam decididamente contra ele. Seu exército mal treinado consistia dos filhos de antigos escravos — não se achava à altura das cidades fortificadas e exércitos treinados encontrados em Canaã. A não ser que Deus estivesse ao seu lado, Josué tinha certeza de que não havia esperança. Quando ele ouviu Deus dizer: "O Senhor, teu Deus, é contigo por onde quer que andares" (Js 1.9), a confiança de Josué naturalmente aumentou.

Como é a presença de Deus e o que Josué sentiu ao executar as ordens de Deus para atravessar o Jordão e conquistar a terra? Verifique!

- Deus afirmou seu poder a Raabe, uma meretriz que morava em Jericó, para que ela arriscasse sua vida a fim de proteger os dois espias de Josué e enviá-los de volta depois de terem examinado Jericó. (Js 2).
- Deus partiu milagrosamente as águas do rio Jordão em uma época de enchente, permitindo que o exército de Josué atravessasse em terra seca (Js 3.14-17).
- Deus — de novo milagrosamente — derrubou os muros da grande cidade fortificada de Jericó, apenas com o tocar das trombetas e os gritos dos homens de Josué, depois do exército ter simplesmente andado sete dias ao redor da cidade (Js 6).
- Deus, em ainda outro milagre, fez cair grandes pedras durante uma batalha que matou mais inimigos do que os que foram mortos na batalha (Js 10.11).
- Deus, em um segundo milagre durante a mesma batalha com as pedras, fez o sol parar a fim de proteger Josué contra os amorreus, para que seu exército pudesse expulsar o inimigo (Js 10.12-14).
- Deus entregou uma grande coalizão de reis do norte de Canaã nas mãos de Josué, o que dividiu efetivamente a terra pela metade, tornando a conquista bem mais fácil (Js 11.6-8).

Para Josué, a presença de Deus era poderosamente visível em seu ativo envolvimento na vida e nas missões do guerreiro. Deus estava presente... e não se achava definitivamente em silêncio! O resultado final da presença de Deus para Josué foi o sucesso: "Assim, tomou Josué toda esta terra, segundo tudo o que o SENHOR tinha dito a Moisés" (Js 11.23).

A pergunta para nós hoje? Este é o mesmo Deus que está trabalhando em nossa vida?

O que dizer da presença de Deus em sua vida?

Enquanto lê, você pensa: *Esse é o Antigo Testamento e esse era Josué. Tratava-se de uma situação especial na vida de uma pessoa especial. Deus não trabalha assim hoje.* É verdade, Deus não está segurando ativamente rios, lançando pedras grandes sobre os seus inimigos nem derrubando os muros de cidades fortificadas, mas isso não significa que ele não poderia fazer isso! Não significa também que ele não está presente, nem tão ativo, em sua vida. De fato, é aqui que a verdade bíblica se torna realmente estimulante!

A presença de Deus não é limitada — Para muitas pessoas e talvez até você, a presença de Deus é vista como limitada, ou pelo menos especialmente presente em um prédio. Deus é reverentemente retratado e simbolizado em lindas cenas em vitrais, velas acesas e músicas de adoração tocadas em órgãos. É verdade que esses acessórios contribuem para um *sentido* da presença de Deus. Mas estará Deus limitado a um prédio? Esta foi a mesma pergunta feita a Jesus por uma mulher junto a um poço há dois mil anos. Ouça a mais incrível conversa entre um coração sequioso, e o Senhor Jesus Cristo, Deus encarnado:

> Nossos pais adoravam neste monte [Samaria]; vós, entretanto, dizeis que em Jerusalém é o lugar onde se deve adorar. Disse-lhe Jesus: Mulher, podes crer-me que a hora vem, quando nem neste

monte, nem em Jerusalém adorareis o Pai. [...] Mas vem a hora e já chegou, em que os verdadeiros adoradores adorarão o Pai em espírito e em verdade. [...] Deus é espírito; e importa que os seus adoradores o adorem em espírito e em verdade" (Jo 4.20,21, 23,24).

"Deus é espírito." Ele, portanto, não tem limites e pode ser adorado e contatado em qualquer lugar e a qualquer hora. Que realidade maravilhosa! O Deus do universo está com você *neste momento* onde quer que você esteja! Ele está pessoalmente interessado em cada um e em todas as suas grandes tristezas e mágoas, suas maiores oportunidades, e as decisões que deve tomar. Conte com isso!

A presença de Deus é espiritual — A presença de Deus na vida de Josué era bastante óbvia porque Deus falava com ele e fazia milagre após milagre. Mas Deus deu também a Josué "o espírito de sabedoria" (Dt 34.9). O Espírito de Deus veio *sobre* Josué, mas Deus não residiu *em* Josué. Esta é a principal diferença entre Josué e os cristãos de hoje.

> *Que milagre esplêndido — a presença permanente de Deus em sua vida... durante toda ela!*

Jesus disse que o Pai "vos dará outro Consolador, a fim de que esteja para sempre convosco, o Espírito da verdade" (Jo 14.16,17). Os que conhecem e amam Jesus recebem o Espírito Santo para estar *com eles* e *neles* enquanto estiverem fisicamente vivos. Para você, como cristã, a presença de Deus passa a ter, portanto, um sentido ainda mais profundo. Que surpreendente milagre — a presença permanente de Deus *em* sua vida... durante toda sua vida!

A presença de Deus é real — Como você ou eu podemos explicar a presença de Deus? Você pode ver a sua obra na criação: "Porque os atributos invisíveis de Deus, assim o seu eterno poder, como a sua própria divindade, claramente se reconhecem, desde o princípio do mundo" (Rm 1.20; ver também Sl 19.1, ARA). Você não pode ver o Espírito de Deus, mas tem a palavra de Jesus de que ele está presente, o que deve ser crido pela fé — o fruto do Espírito: amor, alegria, paz, longanimidade, bondade, piedade, fidelidade, mansidão, domínio próprio (Gl 5.22,23). Permita que explique com duas situações diferentes em minha vida.

> Em uma ocasião bastante rara eu viajava sozinha. Meu voo teve de ser remanejado por causa de uma nevasca. O tempo estava terrível! Era uma daquelas cenas: perdida no aeroporto a noite toda. Não havia meios de avisar Jim sobre o que estava acontecendo ou poderia acontecer. Tive aquela sensação penosa de me encontrar completamente sozinha. Lembrei, nesse momento, de que não estava só. Orei: *Senhor, nenhum dos meus entes queridos no mundo inteiro sabe onde estou. Porém, o Senhor sabe!* A promessa da presença de Deus me reconfortou e experimentei uma paz surpreendente, sabendo que Deus estava comigo. A paz de Deus veio quando me lembrei da verdade da sua presença.
>
> A outra vez quando me submeti a uma cirurgia grave. Quando a equipe me levou para a sala de operação, e Jim ficou para trás, na sala de espera, fiquei deitada na maca, indefesa e sedada. Portanto, orei: *Senhor, embora possa estar caminhando pelo vale da sombra da morte [eu não tinha ideia do que o cirurgião ia encontrar], embora talvez esteja entrando no desconhecido e sendo anestesiada, o Senhor está comigo!* E, sabe de uma coisa, Deus estava presente... e sempre está! Nunca temos de pedir a sua presença. Basta nos lembrar desse fato e dessa realidade.

Apesar do que alguns possam dizer sobre Deus, você e eu podemos ter uma certeza absoluta, trata-se de algo que Josué e os santos através das eras sabiam. Deus está conosco por onde quer que andemos... para sempre! E isto nos dá coragem dia após dia.

A presença de Deus é uma coisa boa — A presença de Deus foi boa para Josué e deve ser considerada algo precioso para os cristãos de hoje. Infelizmente, muitos cristãos não ficam muito satisfeitos por saber que Deus está em toda parte o tempo todo. Por quê? A resposta se encontra em uma única e pequena palavra: "pecado". Como Adão e Eva que se esconderam da presença do Senhor depois de terem desobedecido a ele (Gn 3.8), nosso pecado altera nossa relação com Deus. Quando vivemos no pecado e nos apegamos a ele, geralmente procuramos meios de ocultar nossos pecados e *nós* mesmas dele ou de fazer de conta que ele não está aqui.

Pense comigo um momento. Você se lembra de algum momento em que Deus não estava em sua vida, antes de ser sua filha? Lembra-se de que período difícil foi esse? Como a vida parecia penosa e sem esperança naquela época? Lembro-me dessa época e não quero que minha comunhão e minha vida com Deus sejam prejudicadas de jeito nenhum. Tenho a certeza de que você também não quer isso em sua vida.

Confiar na presença de Deus é maravilhoso. Sempre que sentir seu relacionamento com Deus esfriando, faça sua parte para fechar a brecha. Sonde seu coração. Confesse todo e qualquer pecado a ele (1Jo 1.9). Davi escreveu sobre isso em sua confissão sincera ao referir-se sobre seu pecado de adultério com Bate-Seba: "Bem-aventurado aquele cuja iniquidade é perdoada, cujo pecado é coberto [...]. Disse: confessarei ao Senhor as minhas transgressões; e tu perdoaste a iniquidade do meu pecado" (Sl 32.1,5).

A presença de Deus é um consolo — Estou certa de que você sabe que vive em um mundo hostil. Dor e sofrimentos são fatos da vida. Talvez, como eu, você desejaria poder evitar o máximo dessa dor, sofrimento, perda, tristeza e outras dificuldades. Deus, porém, vem em sua ajuda!

Clamam os justos, e o SENHOR os escuta e os livra de todas as suas tribulações. Perto está o SENHOR dos que têm o coração quebrantado e salva os de espírito oprimido. Muitas são as aflições do justo, mas o SENHOR de todas o livra (Sl 34.17-19).

A presença de Deus nos capacita — Esse fato maravilhoso nos leva a seguir novamente a Deus de todo o coração. A presença de Deus capacitou Josué. O conhecimento de que Deus estava com ele capacitou o guerreiro a realizar grandes e poderosos feitos. O mesmo acontece com você. Com Deus você pode fazer — e suportar — todas as coisas por meio de Cristo que a fortalece (Fp 4.13).

Você tem igualmente a graça divina sempre presente, a qual é suficiente para qualquer coisa que venha a enfrentar, por maior ou pior que seja. Como Jesus disse a Paulo sobre o sofrimento que este enfrentava: "Minha graça te basta!" (2Co 12.9).

O Espírito Santo infunde em você o seu poder, dando-lhe sabedoria, paciência, fidelidade. Não há necessidade de temer servir a outros e participar de um ministério! (Acredite em mim, é possível ficar com medo lá fora!)

Quando as dificuldades surgem, não se perturbe. Em vez disso, agradeça a Deus pela sua presença e avancem juntos como vencedores.

Porém, não, o Espírito Santo lhe dá "dons espirituais" para usar no ministério para o corpo de Cristo (1Co 12.1-11).

Ao terminar este capítulo sobre a promessa de Deus da sua presença, oro para que esse conhecimento seja e venha a ser uma fonte de força e coragem para você. Este é mais um pensamento para guardar. Deus, algumas vezes, escolhe livrar você de seus problemas, mas, outras vezes, ele lhe dará a força para suportá-los. Em qualquer caso, você pode ter a certeza de que sua presença consoladora estará com você e ele a acompanhará até o fim.

Quando as dificuldades surgem (e certamente surgirão), você não precisa ficar perturbada nem frustrada. Em vez disso, agradeça a Deus pela sua presença e avancem juntos como vencedores. A vitória é sua quando Deus está do seu lado!

Avançando

Você já pensou muito sobre a presença constante e permanente de Deus em *seu* lar, *sua* vida, *suas* dificuldades e *suas* oportunidades? O Deus do universo está com você quer o reconheça quer não. Por que então não começar praticando ativamente a presença de Deus? Fique preparada para uma enorme diferença em sua vida e na sua fé se fizer isso. Como é possível avançar com maior consciência dele?

Reconheça a presença de Deus em sua vida. Ao exercer cada atividade, reconheça a presença de Deus verbalmente ou em oração silenciosa. Quando levantar pela manhã, agradeça a Deus pela sua vida, por outro dia para servi-lo, e ande com ele através do que surgir à sua frente. Ele está com você em suas surpresas, catástrofes e as incessantes rotinas diárias que, algumas vezes, parecem arrastar-se sem fazer muita diferença. Quando entrar no carro, ônibus, táxi, barco ou navio, ou em um avião, pare e afirme a presença de Deus, permitindo que ele a conforte durante a viagem. Quando orar antes das refeições, demore um pouco mais e goze da sua provisão *e* presença. Quanto mais perceber a presença dele, tanto mais seu relacionamento com ele ganhará maior significado.

Conte com a presença dele enquanto atravessa o dia, não importa o que apareça repentinamente ao longo do caminho. Quanto mais difíceis as suas tarefas ou mais terríveis os seus desafios, tire proveito da onipresença de seu Pai celestial. Ele está junto de você, pronto e apto para consolar, encorajar, fortalecer e suprir você com sua sabedoria, graça e poder divinos.

Reconheça diante de outros a presença de Deus. Você honra a Deus e dá glória a ele quando torna sua presença conhecida de outros.

Sua percepção e dependência dele não é algo de que tenha de se envergonhar ou manter oculto. Se você conhecesse uma celebridade ou uma grande personalidade, ficaria orgulhosa dessa amizade e gostaria que todos soubessem. Quem, então, é maior do que Deus? E ele está aqui com você sempre! Ao reconhecê-lo verbalmente diante de outros — começando com sua família — está anunciando a todos ao seu redor que tem um relacionamento pessoal com Deus e dizendo que eles também podem ter esse relacionamento com o Senhor. Nas palavras do salmista: "Digam-no os remidos do Senhor" (Sl 107.2).

Seção 3

Tornando-se uma mulher excepcional

Não permita que o mundo que a rodeia a conforme ao seu molde, mas deixe Deus remodelar sua mente de dentro para fora, a fim de provar, na prática, que o plano de Deus para você é bom, satisfaz todas as exigências dele e avança para o alvo da maturidade.

Romanos 12.2, Phillips

9
Vivendo acima do padrão

*E não vos conformeis com este século, mas conformai-vos
pela renovação da vossa mente, para que
experimenteis qual seja a boa, agradável e
perfeita vontade de Deus.*
ROMANOS 12.2

Minha conferência nas proximidades do Grand Canyon terminou. Foi um período maravilhoso! Na volta ao aeroporto de Phoenix, a mulher que dirigia para nós, Jim e eu, contou-nos sobre um grupo de mulheres que participara do retiro alguns anos antes e não percebeu uma rotatória importante no caminho para casa. Era uma divisão onde a saída à esquerda levava a Phoenix, Arizona, e à direita ia para Los Angeles, Califórnia. Aquelas simpáticas mulheres estavam se divertindo tanto enquanto discutiam os dias passados no retiro... que acabaram chegando à Califórnia! Imagine o espanto delas ao lerem o sinal, na fronteira do Estado: "Bem-vindos à Califórnia"!

E você? Já deixou de perceber algumas encruzilhadas, bifurcações na autoestrada... ou na vida?

A bifurcação na estrada

Há um ponto em toda e qualquer viagem onde uma decisão deve ser tomada. *Para que lado devo ir?* Espero que você tenha tomado a decisão antes de passar a oportunidade de seguir na direção que precisa ou quer ir. Não há nada pior do que retroceder, virar e entrar de novo na autoestrada de modo a fazer a escolha certa dessa vez.

O mesmo se aplica a sua vida cristã. Todos os cristãos têm de estabelecer estas prioridades — *Como posso saber a vontade de Deus? Como posso estar na vontade de Deus? Quais escolhas me manterão no caminho da vontade de Deus?* Essas perguntas são essenciais para fazer e responder se você — e eu também — quisermos seguir a Deus de todo o coração. O desejo de segui-lo e viver na sua vontade separa você da vida normal e a coloca em outro plano extraordinário.

Tenho boas notícias! Deus lhe dá a sua fórmula para encontrar, seguir e viver sua vontade. Ela se encontra em Romanos 12.1,2. Para entender melhor esses dois versículos (especialmente o v. 2), considere que em Romanos, capítulos 1—11, o apóstolo Paulo estabelece o que foi chamado de "Evangelho Segundo Paulo". Ele escreve detalhadamente sobre o fundamento doutrinário do cristianismo. A seguir, no capítulo 12, Paulo se volta para as preocupações e os assuntos práticos da vida diária. Primeiro, ele apela a nós no versículo 1:

> Rogo-vos, pois, irmãos, pelas misericórdias de Deus, que apresenteis o vosso corpo por sacrifício vivo, santo e agradável a Deus, que é o vosso culto racional.

Somos exortadas a oferecer nosso *corpo* a Deus, separá-lo e dedicá-lo ao serviço de Deus e à vida justa (ver também 1Co 6.13). Este é o segredo para seguir a Deus e ser útil a ele. No versículo 2, Paulo fala, portanto, de oferecermos nossa *mente* a Deus.

> E não vos conformeis com este século, mas transformai-vos pela renovação da vossa mente, para que experimenteis qual seja a boa, agradável e perfeita vontade de Deus.

Esteja alerta

Uma vez que você e eu nos ofereçamos inteiramente a Deus — nosso corpo e nossa mente — uma transformação dramática ocorre em nosso relacionamento com o mundo. O cristianismo é um chamado *para fora* do mundanismo. Cristo livra os cristãos *"desta presente era perversa"* (Gl 1.4, NVI). Se estivermos em Cristo, a Bíblia diz que este deve ser o nosso comportamento: "como filhos obedientes não se deixem amoldar pelos maus desejos de outrora" (1Pe 1.14).

Você, a cada dia e talvez a cada minuto, será tentada e pressionada a conformar-se ao mundo, a viver como incrédula. Mas não ceda às pressões do mundanismo. Em vez disso, lembre-se destas palavras: "Por isso, cingindo o vosso entendimento, sede sóbrios e esperai inteiramente na graça [oferecida por Jesus]" (v. 13). Viva *para* Deus e viva segundo a vontade dele.

Uma mulher excepcional — você! — segue os ensinamentos de Romanos 12.1,2. Você entrega seu corpo e alma, mente e coração a Deus para o seu uso e serviço. Fica também observando cada bifurcação ao longo da estrada da vida, para que possa considerar em espírito de oração as suas decisões. À medida que compreender cada vez mais como você é extraordinária, ficará satisfeita em rejeitar o comportamento mundano e dedicar os minutos, horas e dias da sua vida à tomada de decisões sábias sobre o seu comportamento e escolhas.

Ordinária ou extraordinária?

Ninguém quer ser comum nem levar uma vida monótona, insípida. Afinal de contas, você tem o poder de Cristo em seu íntimo e um propósito vibrante para a sua vida e para cada dia. É claro que deseja ordem e paz. Recebe também instruções para procurar ter uma existência tranquila, e pacífica (1Tm 2.2; 1Ts 4.11). Isto, porém, não significa tédio. E a inatividade não é o caminho de Deus.

Romanos 12.2 nos mostra o que significa ser extraordinária. É recusar-se a pensar e conduzir-se como as pessoas que estão no mundo. Quando fazemos isto — quando raciocinamos e agimos de modo diferente — nos destacamos de tudo quanto é comum. Ao alicerçar nossa mente nas atitudes e verdades coerentes com a nova vida em Cristo, transcendemos a média. De fato, não há nada medíocre em nós porque somos extraordinárias!

Viver nas verdades da Bíblia faz de você uma mulher única!

Pensar e viver de acordo com as verdades bíblicas fará surgir uma mulher excepcional — você novamente! — que se eleva sobre o padrão. Ao meditar na palavra de Deus, sua mente vai ser transformada e você encontrará a vontade de Deus — sua "boa, aceitável e perfeita vontade". Poderá então *discernir* a vontade de Deus, *executar* a sua vontade, e *viver* essa vontade. Terá também o benefício de experimentar e viver aquilo que é bom, agradável e perfeito aos olhos dele para você! Isto, minha amiga, separa você de tudo que é comum.

Você é excepcional. Pense nisto! Cristo vive em você. Isto deve fazer — e faz! — uma enorme diferença em sua vida. Coloca você anos-luz acima deste mundo! Você é realmente única! Quando se converteu a Cristo — passou a crer nele — você foi transformada por dentro. Porém, agora, você torna essa transformação real para si mesma e para outros ao deixar que ela seja vista também por fora. Isto é feito ao recusar viver segundo os costumes do mundo.

Você notou as palavras "não vos..." em Romanos 12.2? Esta é uma ordem de Deus. Não se trata de uma sugestão. Não é um pequeno conselho ou aviso. Não é também um trecho de uma coluna do tipo: "Querida Amiga". Não, é *Deus* falando. Ele está dizendo a você:

- não se vista como faz o mundo;
- não se amolde ao mundo, equiparando-se a ele;
- não viva segundo os estilos dos tempos;
- não adote os costumes do mundo;
- não imite a maneira como as pessoas vivem no mundo.

Se estiver fazendo qualquer dessas coisas, tem ordens para parar imediatamente e, em vez disso, renovar seu modo de pensar. Um erudito traduz essa parte de Romanos 12.2 da seguinte maneira: "Não conformem sua vida para satisfazer as modas passageiras deste mundo". Outro acrescenta uma palavra descritiva extra — "deste mundo *perverso*".

Pergunto agora a você, por que qualquer mulher com um Deus puro e santo vivendo em seu coração e alma desejaria amoldar-se a "este mundo perverso"? "Amoldar" significa ser derramada em um molde para permitir que algo modele a sua aparência. Isto me faz pensar em massa de pão. Tenho certeza de que você conhece o processo de fazer pão. Primeiro mistura certa quantidade de massa. Depois coloca-a em uma forma moldada ou dá a ela a forma que quiser. Precisa decidir! Pode moldar a massa em rolinhos para o jantar ou em forma de pão.

Quando se trata de pessoas, para você e para mim, não devemos permitir que o mundo nos amasse e nos amolde como massa de pão, pressionando-nos e colocando-nos em um molde.

Vi certa vez uma entrevista com o dr. W. A. Criswell, que na época era pastor da Primeira Igreja Batista em Dallas, Texas. A entrevista estava centrada em seu livro *Standing on the promises* [*Firme nas promessas*]. Esse cristão notável quase chorou ao falar como se entristecia ao ver que as pessoas não podiam mais diferençar um cristão de um não cristão. Ele estava à beira das lágrimas pelo fato de os cristãos terem se conformado tanto ao mundo. Na verdade, cria que trouxemos o mundo para dentro da igreja. O pastor mencionou várias vezes que em sua opinião as igrejas deveriam deixar de entreter seus membros e chamá-los, em vez disso, à santidade. Ali estava um homem piedoso repetindo o chamado de Deus para os cristãos transformarem e renovarem sua mente... repensarem seus padrões, princípios, prioridades, e alvos... o que transformaria seu estilo de vida.

A lista de Deus de mulheres excepcionais

Uma de minhas paixões tem sido o estudo das mulheres da Bíblia. Deus preservou na Bíblia, para você e para mim, as histórias surpreendentes dessas mulheres, suas experiências e triunfos, tristezas e alegrias, fraquezas e forças, com as suas contribuições. Elas oferecem inspiração, instrução e encorajamento para mim todos os dias. Quando enfrento situação após situação, sempre penso em uma das mulheres na Escritura que passou por algo similar e extraio um princípio de sua vida para guiar-me. Sua experiência e sabedoria me ajudam a fazer as escolhas certas — escolhas piedosas — em cada oportunidade, cada encruzilhada vital na estrada. Quando falho em meu empreendimento, elas me dão esperança. Quando minha vista fica turva, elas a restauram. Quando começo a desistir, elas me fortalecem por meio de sua grande fé em Deus e de seu coração para segui-lo fielmente.

Listadas a seguir estão várias mulheres corajosas descritas como excepcionais na Escritura. Essas mulheres não permitiram que o mundo as conformasse aos seus padrões.

- Boaz disse com relação a Rute: "Toda a cidade do meu povo sabe que és mulher virtuosa" (Rt 3.11).
- A mulher ideal de Deus — a mulher de Provérbios 31 — é apresentada como "uma esposa virtuosa" e louvada como alguém que excede a todas as outras (Pv 31.10 e 29).
- O anjo de Deus saudou Maria, a mãe de Jesus, dizendo:

"Alegra-te, muito favorecida! O Senhor é contigo; [...] bendita és tu entre as mulheres!" (Lc 1.28,42).

- Isabel é descrita como justa "diante de Deus, andando irrepreensivelmente em todos os preceitos e mandamentos do Senhor" (Lc 1.6), apesar de sua vida não ser perfeita. Isabel era estéril, não tinha filhos e já tinha passado da idade de gerá-los.

- Deus registra o seguinte sobre Sara, uma das três mulheres mencionadas no seu álbum fotográfico, onde mostra os gigantes extraordinários da fé em Hebreus 11.11: "Pela fé, também, a própria Sara recebeu poder para ser mãe, não obstante o avançado de sua idade, pois teve por fiel aquele que lhe havia feito a promessa".

De maneira surpreendente, você e eu temos tudo que precisamos para ser tão notáveis quanto essas mulheres bíblicas. Com a ajuda de Deus, podemos evitar conformar-nos a este mundo e seguir nosso Senhor de todo o coração. Para isto temos de pensar ativamente e lembrar desse fato, verdade e promessa — e contar com isso. Deus, em seu divino poder, já nos deu todas as coisas que pertencem à vida e à piedade (2Pe 1.3). Nós já possuímos tudo que necessitamos para uma vida excepcional.

Tornando-se uma mulher excepcional

Você quer fazer-se notar e viver como uma mulher destacada, excepcional, única, incomum, notável, extraordinária, não conformista? Estes são alguns passos importantes:

Guarde o que aprende — Alimente, em primeiro lugar e antes de tudo, sua mente com as instruções de Deus. Uma vez que conheça a verdade e o que *Deus* pensa sobre cada aspecto da sua vida, você pode agir, pensar, responder e tomar decisões de acordo. Terá capacidade de fazer as escolhas certas nas bifurcações da sua estrada. Será separada do mundo — "santificada" — pela palavra de Deus (Jo 17.17). Excepcional!

Escolha cuidadosamente os seus amigos. Esta é uma área em que é preciso ter "bastante cuidado". Quando se trata de escolher amigos, lembre-se de que há basicamente três tipos. O primeiro grupo é composto daqueles que a levam a um patamar mais alto de cristianismo, que fazem você se aproximar mais de Deus e de seus padrões. Esse grupo inclui mentores, conselheiros, professores e exemplos.

O grupo seguinte são aqueles que a influenciam. São pessoas que pensam do mesmo jeito que você, que encorajam seu crescimento espiritual e andam com Deus. Vocês se dirigem para os mesmos lugares: maior obediência, maior crescimento, maior serviço a Deus e seu povo e, por fim, para o céu e a vida eterna. Vocês animam uns aos outros ao longo do caminho.

A terceira categoria é composta de conhecidos que a puxam para baixo — encorajam você na direção errada, pressionam você a fazer más escolhas, caçoam dos seus padrões. Você gosta deles, ora a seu favor, serve e dá testemunho a eles, mas não são seus amigos íntimos. Conforme o pai sábio, de Provérbios 1, advertiu: "Filho meu, se os pecadores querem seduzir-te, não o consintas. Se disserem: vem conosco [para fazer isto e aquilo] [...] não te ponhas a caminho com eles; guarda das suas veredas os pés; porque os seus pés correm para o mal" (v. 10,11,15,16). Nessa linguagem simples, ele está também nos ensinando! Não dê ouvidos a essas pessoas nem imite o seu estilo de vida. E certamente não siga os caminhos delas.

Utilize o seu tempo no que realmente tem valor. Deus nos diz para usar nosso tempo "não como néscios, e sim como sábios, remindo o tempo, porque os dias são maus. Por esta razão não vos torneis insensatos, mas procurai compreender qual a vontade do Senhor" (Ef 5.15-17). Isto significa que você deve tomar muito cuidado quanto à maneira como vive. Viva com responsabilidade e sabedoria. Tire o máximo proveito de cada minuto, fazendo o melhor uso do seu tempo. Você não pode ser descuidada com seus dias e horas, não pode fazer más escolhas sobre como gastar seu tempo. O seu tempo é a sua vida e você tem uma atribuição dada por Deus. É uma mulher com propósito. Foi salva para servir. É feitura de Deus, criada em Cristo para boas obras (Ef 2.10). Procure usar seus minutos dourados, recebidos de Deus no que realmente importa, e não em buscas e propósitos mundanos. Uma mulher excepcional ensinou-me este princípio: "Você nunca pode matar o tempo sem prejudicar a eternidade". O fato de ter sido comprada pelo sangue de Cristo afeta definitivamente seu uso do tempo.

Preste atenção no seu vestuário. Quando compreendemos quanto a palavra de Deus tem a dizer sobre os padrões dele nessa área cotidiana da vida, sentimos a sua importância. Pode parecer uma coisa insignificante, mas é um meio muito real de seguirmos a Deus. Pense nestas referências e deixe que elas guiem a sua escolha de roupas (e também de suas filhas). As mulheres cristãs devem usar o que é "modesto" e "apropriado para as mulheres que professam ser piedosas, com boas obras" (1Tm 2.9,10). Em outras palavras, use o que for adequado, discreto e mostre domínio próprio, não se deixando levar pela moda do momento!

Avançando

Quando penso em me destacar e viver além da norma, tenho de rir ao lembrar-me de um artigo que, certa vez, vi na seção de negócios do jornal *Los Angeles Times* sobre um comercial premiado. A propaganda mostrava um escritório cheio de compartimentos individuais. Por causa da altura dos compartimentos, tudo que se via no anúncio era o alto da cabeça de cada funcionário. Uma cabeça, porém, se erguia mais de 30 centímetros acima das outras. Ela pertencia a Kareem Abdul-Jabbar, o famoso ex-jogador de basquete, com 2,13 metros de altura, do Los Angeles Lakers. No anúncio ele é o único entre os mais de cem compartimentos usando um computador Apple... e isso o tornava diferente, fazia que se destacasse.

É isto que Deus quer para você como mulher cristã. Ele quer que você — a mulher dele! — seja extraordinária, fique em destaque, esteja acima e além da norma. Quer que você seja diferente, seja de outro mundo. Cristo em você a torna excepcional, e seus pensamentos e comportamento devem espelhar sua posição.

> *Na bifurcação em cada estrada, escolha o caminho que a leve para mais perto de Deus.*

Você não deve ser como as pessoas do mundo, "conformada" ao mundo, mas deve ser especial, uma embaixadora viva, anunciando Cristo.

Na bifurcação em cada estrada, escolha o caminho que a leve para mais perto de Deus.

Não é nosso objetivo descobrir até que ponto podemos assemelhar-nos ao mundo, mantendo todavia as nossas diferenças. Recusar conformidade aos valores deste mundo é algo mais profundo do que apenas o comportamento e os costumes — deve estar firmemente integrado em nossa mente.[1]

10
Fazendo diferença

E não vos conformeis com este século,
mas transformai-vos pela renovação da vossa mente,
para que experimenteis qual seja a boa,
agradável e perfeita vontade de Deus.
ROMANOS 12.2

Borboletas... quem não aprecia essas criaturas graciosas e se maravilha com sua beleza exótica? Você poderia, na verdade, maravilhar-se durante semanas, meses e até anos porque existem de quinze a vinte mil espécies no mundo inteiro. Você sabia que muitas borboletas migram percorrendo grandes distâncias? Especialmente famosas, são as migrações da borboleta monarca. Elas migram do México para a América do Norte, uma distância de cerca de 4.400 quilômetros. Algumas monarcas fazem viagens transatlânticas! Apesar de seu aspecto frágil, essas delicadas borboletas são insetos verdadeiramente surpreendentes. Porém, para alcançar a beleza que tanto admiramos, essas criaturas únicas passam por uma metamorfose.

Uma mudança notável

É possível que você tenha estudado a "metamorfose" em uma aula de ciências. A borboleta começa a vida como uma lagarta. Esta é completamente "transformada" — passa por uma metamorfose — de dentro para fora enquanto está na crisálida, a versão-crisálida da borboleta.

O mesmo acontece com você e comigo quando cremos e confiamos em Cristo. Passamos por uma metamorfose! A raiz original do verbo transformar vem do idioma grego e é usada em três passagens diferentes do Novo Testamento. Um de seus usos ocorre em Romanos 12.2: "Não vos conformeis com este mundo, mas *transformai--vos*". Não devemos ser influenciadas a nos mesclar com o sistema mundano. Ao contrário, devemos ser mudadas por meio de Cristo em criaturas que voam como lindas borboletas. Cristo nos modifica por dentro quando recebemos uma nova vida nele. "Se alguém está em Cristo, é nova criatura" (2Co 5.17). Com a ajuda da graça abundante de Deus, devemos renovar nossas mentes para que nossa vida seja também transformada externamente, a fim de que outros possam ver.

Vivendo no mundo

Pense sobre isto: Por que ser uma lagarta quando podemos ser uma borboleta? Por que ter uma vida monótona quando podemos viver de modo fascinante? Por que ser como os incrédulos que estão perdidos, confusos e mortos em seus pecados, quando podemos viver de maneira diferente — à semelhança de Cristo e com força confiante? Por que ser comuns quando podemos ser diferente... e fazer diferença? Há um pequeno problema com a ideia de cumprir esses desejos maravilhosos — o mundo. O lugar exato onde queremos fazer diferença é o lugar onde lutamos. E temos de lutar! Por quê? Porque...

- o mundo se encontra no momento sob o controle de Satanás (1Jo 5.19);
- o mundo odeia Jesus porque ele dá testemunho de que as obras mundanas são malignas (Jo 7.7);
- o mundo odeia você por ser discípula de Jesus (Jo 15.18,19);
- o mundo considera a salvação por intermédio de Cristo como insensatez (1Co 1.21,27,28).

Um ditado cristão conhecido, extraído de João 17.15,16 e que não sai da minha mente, diz: "Estamos no mundo, mas não somos do mundo". Desde que temos de andar cuidadosamente por estarmos caminhando em direção ao céu, embora vivendo na terra, Deus supre diretivas para nós sobre nossa ligação com o mundo em que temos de viver.

Devemos ser sal (Mt 5.13). Devemos ter uma influência positiva sobre o mundo, ser para os incrédulos o que o sal é para o alimento que comemos. O que se aplica a qualquer tempero é aplicável a nós. Se o tempero não tem sabor, não tem igualmente valor, apelo ou efeito. Se não nos esforçarmos para ter vida pura e dar testemunho ao mundo, falhamos em um dos propósitos de Deus para nós — fazer que outros desejem conhecer o Filho de Deus. Se formos muito semelhantes ao mundo, seremos inúteis como "tempero".

Devemos ser luz (Mt 5.14). Você pode esconder uma cidade iluminada no alto de um monte? Não! Suas luzes podem ser vistas a distância de quilômetros como um farol para o viajante perdido ou cansado que precisa encontrar um lugar seguro onde alojar-se durante a noite. Da mesma forma, devemos brilhar com o reflexo de Cristo, uma radiância que emana da presença de Cristo em nossos corações. Como a noiva resplandecente que ilumina a todos ao seu redor, por causa do seu amor pelo noivo, nosso amor por Jesus deve ser visto por todos. Todavia, muitas vezes escondemos a nossa luz por:

- ficarmos em silêncio quando deveríamos falar;
- sermos seguidoras quando deveríamos liderar;
- termos medo de mostrar nossa luz;
- permitirmos que o pecado ofusque nossa luz;
- recusarmo-nos a compartilhar a luz com outros;
- ignorarmos as necessidades de outros.

Se vivermos para Cristo, brilharemos como as luzes da cidade sobre o monte, um testemunho da presença e do amor de Cristo em nós, mostrando a outros o caminho para ele. Deus deseja que sejamos faróis da verdade em um mundo escuro e necessitado!

Devemos fazer diferença (Jo 17.6-18). Em sua oração antes de ir para a cruz, Jesus não pediu ao Pai celestial que *tirasse* os cristãos do mundo. Não, ao contrário, orou pela proteção divina ao deixar-nos *no* mundo e nos mandar *para* o mundo (v. 18). Ele quer que façamos diferença no mundo onde vivemos! O desafio é grande porque o mundo evita os cristãos por nossos valores serem incompatíveis com os dele. Pelo fato de nós, os seguidores de Cristo, não cooperarmos com o mundo, compartilhando do seu pecado, as pessoas do mundo veem a diferença e compreendem sua imoralidade. O mundo também segue o plano de Satanás, e Satanás é o inimigo confesso de Jesus e seu povo.

Somos embaixadoras de Jesus para o mundo. Somos suas testemunhas até os confins da terra. Nas palavras maravilhadas de Paulo: "Como, porém, invocarão aquele em quem não creram? E como crerão naquele de quem nada ouviram? E como ouvirão, se não há quem pregue? E como pregarão, se não forem enviados? Como está escrito: Quão formosos são os pés dos que anunciam coisas boas!" (Rm 10.14,15).

Uma de nossas tarefas é viver em santidade e compartilhar o evangelho de Cristo para que outros venham a conhecê-lo. Uma das tarefas de Deus é capacitar-nos e proteger-nos enquanto vivemos corretamente e compartilhamos a verdade com os incrédulos. É também sua tarefa atrair o coração dos homens e mulheres para ele. Nosso maior desafio, portanto, é viver no mundo e não sermos influenciadas por ele. Como a nossa missão de testemunhar pode ser realizada? Pela transformação!

Deixe a transformação começar!
O que eu deveria realmente dizer é: "Deixe a transformação continuar!" Em Romanos 12.2, Paulo nos informa que uma linda transformação começou em nosso coração no momento em que cremos em Cristo e o recebemos como Salvador (veja também 2Co 5.17). O apóstolo, porém, não para nesse ponto. Ele nos informa que a transformação deve também prosseguir para a *mente*, onde os pensamentos e as obras são gerados.

Um segredo para viver a verdadeira vida cristã é acrescentar atividades que renovem a nossa mente. "A renovação da sua mente" envolve um meio completamente novo de pensar. Ela indica uma mente desejosa de conformar-se a Deus e seus caminhos em lugar daqueles do mundo. Nenhum cristão pode ser verdadeiramente transformado sem renovar a sua mente.

Uma mulher excepcional é um novo ser. É alguém em quem Deus habita. Isto só pode ter um significado — as coisas antigas devem ir embora, incluindo as velhas maneiras de agir. Vamos examinar algumas áreas da vida diária com as quais temos de lidar para podermos vir a ser mulheres excepcionais. Essas áreas são mencionadas por Deus em sua palavra e exigem a renovação de nossa mente — preencher nossa mente com a mente de Deus para podermos pensar, agir, falar e viver segundo ele.

Seu modo de falar — Jesus teve *muito* a dizer sobre nossas palavras. Um versículo que recito para mim mesma todos os dias, a fim de ajudar-me a renovar a minha mente — e boca! — é Mateus 12.34: "A boca fala do que está cheio o coração". Essa verdade me faz lembrar constantemente que aquilo que Deus realizou em mim por dentro deve ser evidente por fora, a começar com as minhas palavras.

Veja, por exemplo, falar a verdade. Pus esse aspecto em primeiro lugar na minha lista porque, quando era recém-convertida, foi aqui que Deus me fez iniciar o processo de renovação da minha mente. Quando menina, adotei a delicada arte da "mentirinha" como uma forma de etiqueta "apropriada". Em vez de dizer não e, possivelmente, magoar os sentimentos de alguém, eu respondia com palavras vagas deste tipo: "Tentarei ir", embora soubesse que não iria. Como parte da renovação da minha mente, senti-me obrigada a desistir dessa forma — e de todas as outras — de mentira. Tive de pensar constantemente na Escritura para lembrar-me de ser total — mas amavelmente... honesta. Senti necessidade de deixar a mentira e permitir que meu sim fosse sim e o meu não fosse não. Precisei lembrar-me de dizer a verdade e fazer isso com amor, graça e tato.[2] Ao pensar nos ensinamentos de Deus sobre a língua, estabeleci novas prioridades e padrões para o meu falar — *as prioridades e padrões de Deus*! A transformação começara de fato!

O falar inadequado vai muito além da mentira. Ao renovarmos nossa mente com verdades bíblicas que nos ensinem sobre a linguagem aceitável e inaceitável, nossa conversa é transformada. Nós nos descobrimos deixando de lado a ira, a malícia, a cólera, a blasfêmia, os palavrões, as intrigas, as calúnias, os insultos, os comentários mordazes e o que a Bíblia chama de linguagem "torpe" e "corrupta", assim como a "maledicência".[3] Esses padrões do mundo começam a ser substituídos à medida que refletimos sobre os valores de Deus e dizemos palavras boas para edificar outros e transmitir graça aos ouvintes (Ef 4.29).

Diga palavras que edifiquem outros e transmitam graça.

Os seus hábitos — Outras áreas da "vida antiga" apontadas por Deus em mim estão ligadas a maus hábitos, como procurar atalhos, executar trabalhos malfeitos... ou pensar de modo errado (Oh, isso não importa. Não é nada grave!), ter preguiça, chegar atrasada em compromissos e encontros, procurar brechas, esforçar-se para sair de uma dificuldade ou para fazer alguma coisa certa. Você faz parte desse grupo?

Quanto mais você lê e estuda a Bíblia, tanto mais descobre passagens que revelam os padrões de Deus. Ore e aja! Os velhos estilos de fazer e lidar com as coisas precisam desaparecer. As antigas maneiras de reagir precisam ir embora. Apesar dos maus hábitos estarem talvez profundamente arraigados, a oração é a sua esperança momento a momento para uma renovação. Em lugar do seu velho estilo, cultive a honestidade, excelência em todas as coisas, pontualidade, diligência e respeito por outros, inclusive pelas autoridades. "Tudo quanto fizerdes, fazei-o de todo o coração, como para o Senhor" (Cl 3.23)! Esse versículo não diz tudo?

Sua atitude — O vasto território de atitudes e emoções, como ira, depressão, medo, egoísmo e orgulho vem em seguida. Em minha leitura descobri uma conclusão no livro *The role of women in the church* [*O papel das mulheres na igreja*], do dr. Charles Ryrie, que me fez refletir. Esse erudito (o criador da *The Ryrie study Bible* [*Bíblia de estudos Ryrie*]) examinou todo o Antigo e Novo Testamentos pesquisando o papel das mulheres e apresentou estes dois papéis espirituais necessários e relevantes: *serviço e oração*. A oração, com o serviço a outros, é um uso melhor da sua energia que a ira. Servir humildemente também dissipa o orgulho. Ajudar outros afasta igualmente o egoísmo.

Deus tem novos meios para fazermos as coisas. Ele nos diz para pôr de lado os velhos métodos de nos relacionarmos com as pessoas. Pôr de lado a manipulação. Livrar-nos da má disposição de espírito, da rabugice e do uso delas para obter o que queremos ou comunicar o que desejamos. É fácil voltar aos velhos hábitos e decidir: *Vou ficar amuada,* ou: *Não vou dizer nada. Só vou dar gelo a ele. Vou ficar me lastimando até que ele perceba a mensagem.* No caso de estar fazendo isso, ore por um coração aberto, amoroso para com outros e obediente aos métodos de Deus para tratar com as pessoas.

Qual a sua atitude errada número um ao lidar com as pessoas hoje? Diga qual é ela e, depois, procure na palavra de Deus meios melhores de resolver essas situações. Eles estão ali, nas palavras da Bíblia, Quando houver um problema, você pode também aconselhar-se com pessoas em quem confia e que conhecem a palavra de Deus. Esqueça qualquer satisfação que possa experimentar ao tratar alguém com aspereza e fazê-lo sofrer quando está aborrecida. Substitua isso por oração e serviço para essa pessoa.

Negativismo, pessimismo, cinismo também estão incluídos aqui. Uma mulher em minha aula bíblica perguntou-me o que eu pensava do sarcasmo no casamento. Considerei a questão e depois respondi: "Acho que não pode existir. O sarcasmo só fere. Por exemplo, você sabe hoje que seu parceiro está brincando quando fala com sarcasmo, mas amanhã você não tem certeza. O mesmo se aplica a você como esposa. O sarcasmo é também um meio de expressar algo que, com frequência, deseja dizer sinceramente, mas tem medo de fazê-lo".

> *A mulher excepcional — você! — serve, ama e ajuda de boa vontade, alegremente e de todo o coração. Ela fala a verdade em amor.*

Os antigos meios de relacionamento precisam desaparecer. A nova mulher — a mulher excepcional — você! — pensa, fala, aborda coisas de modo diferente. Ela serve, ama e ajuda de boa vontade, alegremente, de todo o coração. Ela fala a verdade em amor. À medida que você caminhar pela vida, lembre-se: A maneira como você pensa determina a maneira como age.

Remodelando sua mente

Devemos ser gratas porque Deus nos apresenta dois passos-chave para segui-lo de todo o coração. Eles envolvem remodelar sua mente.

Primeiro Passo: "Não vos conformeis com este mundo" (Rm 12.2). É fácil admirar e querer imitar as pessoas "bonitas" do mundo. Você sabe, aquelas pessoas famosas, as que são invejadas por sua aparência, estilo, inteligência, riqueza, ou posição. Porém, se examinar de perto, perceberá que a maioria das pessoas está perdida, confusa, infeliz, negativa, queixosa; mostra-se egoísta, superficial, carnal, insensata e, até mesmo, mesquinha e rude.

Elas quase sempre têm um estilo de vida que a Bíblia chama de perverso e insensato, ou estão procurando por algo que as torne felizes.

Por que nós, as mulheres cristãs, deveríamos imitar o estilo delas e conformar-nos aos seus padrões, ou falta deles? A verdade é esta: *nós* já temos tudo — *tudo*! As pessoas do mundo precisam de Cristo. Uma de nossas tarefas da parte de Deus é amar, testemunhar, orar pelas pessoas e convencê-las a buscar o Senhor.

Infelizmente, ficamos às vezes com medo ou somos tímidas demais para destacar-nos e assim nos misturamos, comportando-nos de modo a não chamar a atenção de ninguém. Contudo, não somos verdadeiramente assim. Quando vivemos conforme somos — filhas de Deus! — somos excepcionais. Somos diferentes. E não do modo errado: uma exibicionista, alguém extremamente vaidosa, exótica, ou alguém com uma atitude do tipo "mais santa do que tu". Ao contrário, devemos viver como uma pessoa especial, digna de respeito, surpreendente e maravilhosa, para que outros sejam atraídos para Cristo em nós.

Misturar-se é perigoso. Por quê? Porque o mundo não é bondoso e neutro. O mundo é o domínio de Satanás (Jo 14.30; 1Jo 5.19). Devemos ficar vigilantes, prontas para lutar e empenhar-nos, fortalecer-nos para tomar as decisões — em cada oportunidade, em cada bifurcação da estrada — que nos permitam seguir a Deus de todo o coração, vivendo de maneira excepcional na vontade dele e *cumprindo* a sua vontade. Como?

- *Reconheça a ordem*. Romanos 12.2 ordena claramente: "Não vos conformeis a este mundo".

- *Compreenda a importância de não adaptar-se ao mundo.* Você tem um duplo propósito que *exige que seja diferente, separada do mundo. Primei*ro, deve assemelhar-se a Cristo, "um pequeno Cristo", por assim dizer. Você é também uma embaixadora e representante para Cristo e representante dele aos que vivem no mundo e não o conhecem como Salvador (2Co 5.20).
- *Pense na palavra de Deus.* É isto que renova sua mente e leva à transformação. Conheça a palavra de Deus e pense sobre as suas verdades e ensinamentos. Memorize-a. Medite sobre ela.
- *Esteja alerta.* A influência e atração do mundo são poderosas! E devem ficar longe do seu alcance. É necessário ser "sóbrios e vigilantes. O diabo, vosso adversário, anda em derredor, como leão que ruge procurando alguém para devorar. Resisti-lhe" (1Pe 5.8,9). Convença-se de que o mundo é verdadeiramente um lugar hostil para os cristãos.
- *Permaneça em oração.* A palavra de Deus, o Espírito Santo e suas orações preparam você para enfrentar a influência do mundo. Jesus nos ensinou a orar: "Não nos deixes cair em tentação; mas livra-nos do mal" (Mt 6.13). Peça ajuda a Deus para continuar no caminho que ele escolheu para você.

Segundo Passo: "Transformai-vos" (Rm 12.2). Esta é também uma ordem de Deus. Quando aceitamos Cristo, somos transformadas, remodeladas instantaneamente por dentro, tornando-nos posicional e espiritualmente filhas de Deus, abençoadas com tudo que ele faz e realiza para nós. A partir desse momento, e até a morte, devemos, porém, cultivar o que está por *dentro* para que possa ser revelado por *fora*. Devemos crescer espiritualmente, o que mudará nosso comportamento. O cristianismo representa mudança — mudança radical, revolucionária na própria essência de nosso ser.

Não devemos nos conformar com as coisas do mundo, mas ser transformadas para seguir os caminhos de Deus.

Avançando

Pense por um momento na metamorfose de uma borboleta. Um verme pequenino vai se movendo em ziguezague até transformar-se em uma crisálida, a versão de uma crisálida de borboleta, ou se esconde debaixo da terra. Apesar de as mudanças que ocorrem em sua metamorfose de lagarta a borboleta parecerem rápidas, não é esse o caso. As alterações internas de células e tecidos que levam a essa mudança tão completa são graduais.

O mesmo acontece conosco. Precisamos nos comprometer em cultivar o crescimento necessário para nossa completa transformação. Meu marido diz aos homens que encoraja em seu crescimento espiritual: "Deus vai levá-lo até onde você quiser ir, tão depressa quanto desejar prosseguir". Podemos, com frequência, ser o obstáculo para um crescimento maior, a mudança, a transformação, a semelhança com Cristo. Deus deseja, quer e pode levar-nos até lá, mas, em geral, hesitamos ou impedimos a obra dele em nós.

Deus quer que você avance, mantenha-se focada e comprometida. Ele, assim, a levará durante todo o caminho. Não perca tempo, não se desvie nem fique parada. Se notar que está resistindo ou continuando com os velhos hábitos que poderão estancar sua transformação, aja para voltar ao caminho certo.

Nesta semana, olhe para dentro de si mesma. No caso do seu maior desejo ser seguir a Deus de todo o coração, peça a ele para mostrar-lhe quaisquer áreas de mundanismo em que você esteja se conformando aos padrões do mundo, e não aos dele. Coloque sua vida diante dele — todas as áreas — os trajes e maneira de falar, as escolhas de entretenimento, as atitudes, a maneira como gasta seu tempo e dinheiro, o comportamento e as amizades. A seguir, dê um grande passo, recusando-se a conformar-se aos estilos do mundo, tomando a decisão de *não* seguir por essa estrada. Opte por seguir o caminho de Deus quando estiver em encruzilhadas na vida. Escolha fazer a sua "boa, aceitável e perfeita vontade" e, depois, viva apaixonada e sinceramente sua existência transformada. Essas decisões farão que você cumpra o plano de Deus para a sua vida. E isto, querida amiga, fará de *você* uma mulher excepcional!

*O autocontrole alcança a sua maior disciplina
na absoluta entrega de toda nossa vida
aos cuidados e serviço de Deus.*[1]

JOSEPH PARKER

11

Renovando sua mente

Não vos conformeis com este século, mas transformai-vos pela renovação da vossa mente, para que experimenteis qual seja a boa, agradável e perfeita vontade de Deus.
ROMANOS 12.2

Você consegue lembrar da melhor viagem da sua vida ou visualizar uma viagem de sonhos que ainda não ocorreu? A minha foi uma excursão de estudos que fiz com meu marido e um grupo de alunos do seminário a vários países do Mediterrâneo e Oriente Médio, incluindo Israel. Ao planejar antecipadamente, decidi levar um bordado para preencher as longas horas e espera nos aeroportos, nos voos e nos trajetos de ônibus para nossos destinos. Eu sabia que seria um bom começo para uma peça grande de bordado e me daria estímulo para continuar após a viagem.

Quando você trabalha em algo por *muitos* meses, nunca mais esquece esse projeto. O tema desse trabalho de arte especial era uma oração, em ponto de cruz, colocada em uma moldura colorida. Essa oração está pendurada em uma das paredes em nossa casa, encorajando-me todos os dias: "Senhor, dê-me graça para reconhecer as coisas que não podem ser mudadas, coragem para mudar as que podem e sabedoria para saber a diferença entre elas".

Refletindo a imagem de Cristo

Tornar-se uma mulher de Deus extraordinária envolve o desejo, a coragem e a energia para mudar — crescer, fixar, corrigir, consertar — as coisas que podem e precisam ser mudadas. Envolve aceitar os padrões divinos e desejar ser transformada de dentro para fora, a fim de satisfazer esses padrões.

A ideia de tornar-se uma mulher excepcional de Deus envolve descobrir o que significa seguir a Deus de todo o coração... e, depois, acrescentar o que você está aprendendo. Isto é transformação! Como mencionei antes a palavra "transformar" ocorre apenas três vezes no Novo Testamento. Em Romanos 12.2, Paulo nos exorta a não nos conformarmos, moldarmos ou sermos forçadas a participar do modelo do mundo. Em vez disso, devemos ser *transformadas*, mudadas para outra forma. Como é essa forma? Em 2Coríntios 3.18, outro versículo contendo a palavra "transformados" fornece essa resposta:

> E todos nós, com o rosto desvendado, contemplando, como por espelho, a glória do Senhor, somos transformados, de glória em glória, na sua própria imagem, como pelo Senhor, o Espírito.

O processo de transformação (ou metamorfose) que Paulo descreve em Romanos requer submeter-se a uma mudança completa. Porém, conforme 2Coríntios sugere, o processo de mudança, com a ajuda do Espírito Santo, acabará por "transformar-nos" de modo a agirmos mais como Jesus em todas suas excelências morais. Essa não é realmente uma orientação maravilhosa para a sua vida? Você não gostaria de refletir melhor a verdadeira imagem de Cristo para um mundo vigilante? Eu gostaria! Estes são alguns meios de iniciar a mudança que queremos ou talvez necessitemos fazer. E eles vêm diretamente de Deus.

Mudando os seus padrões de pensamento

Mude a sua maneira de pensar — é isto que Romanos 12.2 diz. *Transformai-vos pela renovação da vossa mente.* Se você é cristã, é uma nova mulher. "Se alguém está em Cristo, [ela] é nova criatura" (2Co 5.17). Isto significa não só que sua mente crê em Cristo, mas também que você tem agora "a mente de Cristo" (1Co 2.16). E isto deve fazer, e faz, uma enorme diferença.

Pense de novo na borboleta. Em sua metamorfose há um evento pelo qual a lagarta passa e que faz acontecer a grande mudança. Isto ocorre quando ela entra em uma crisálida ou debaixo da terra, dependendo da espécie. Durante o estado de afastamento e hibernação, mudanças profundas têm lugar na lagarta oculta. E *voilà!* Depois de semanas — até meses, dependendo da espécie — fora da nossa vista, uma gloriosa borboleta emerge triunfante.

O mesmo acontece com você e comigo. A transformação pode começar em seu coração, mas as mudanças externas têm lugar com a *renovação da sua mente*. Como se realiza esse processo de renovação? Estas são algumas disciplinas espirituais que me ajudaram e espero que também sejam úteis a você.

Fique sozinha com Deus — Como uma borboleta, a maior parte de nossas mudanças transformadoras ocorrem em particular. Em segredo, em uma crisálida, por assim dizer. No subsolo. Sozinha com Deus. Escondida com ele em solitude, você pode praticar essa "disciplina espiritual" importante. Quando foi a última vez que passou tempo a sós com Deus? Não estou falando de seu tempo tranquilo regular ou devocional Estou falando de bastante tempo sozinha para pensar, orar, avaliar seu estilo de vida e assumir novos compromissos com ele. O mundo com todo o seu ruído e clamor é uma distração. Você precisa de um retiro pessoal. Por que não passar algum tempo esta semana em solitude com Deus?

Leia o Livro — Toda vez que você lê a Bíblia há potencial para mudança. Não se pode duvidar disso. A mulher excepcional passa bastante tempo lendo baixinho, meditando e memorizando a palavra de Deus.

Somos constantemente bombardeadas pelo mundo. Porém, podemos opor-nos à influência dele ao ler o Livro de várias maneiras possíveis. Li que Ruth Graham manteve uma Bíblia aberta na mesa do café durante anos. Por quê? Porque de cada vez que ia à cozinha podia ler outro parágrafo ou passagem marcada. Ela chama isso de "petiscar a palavra de Deus". A ideia é boa!

Esta semana, como disciplina espiritual, assuma o compromisso de encontrar-se com Deus sete vezes. Você acha que um encontro como esse pode mudar você? Mudar seus pensamentos? Alterar profundamente a sua tendência para apegar-se aos pensamentos mundanos? Substituir os pensamentos e temores mundanos pelos pensamentos de Deus? É claro que sim! (portanto, não esqueça de colocar sua Bíblia aberta onde passe por ela para mordiscar durante o dia. Que delícia!)

Tenha a perspectiva certa sobre a oração — Em meu aconselhamento bíblico havia um elo comum entre os aconselhados que vinham pedir ajuda. Ao se inscreverem, precisavam preencher um questionário sobre o problema que os levara a procurar ajuda. Uma pergunta era: "O que você fez sobre o problema?". A maioria das mulheres respondeu que havia orado sobre seus problemas.

Orar é um passo positivo. Todavia, um dos alvos do conselheiro era mostrar ao homem ou mulher que a oração não é uma varinha mágica a ser agitada sobre os seus problemas para fazê-los desaparecer. O foco da oração no Novo Testamento não é ser aliviado de um problema ou situação, mas ser fortalecido para viver com o problema:

- Jesus orou para ser libertado do fardo da cruz, mas foi inflexível na questão de colocar a vontade do Pai em primeiro lugar (Lc 22.42).

- Estêvão, um mártir para Cristo, não orou para não ser apedrejado, mas para que seus perseguidores fossem perdoados (At 7.59,60)
- Paulo não orou para ser libertado da prisão, mas para que pudesse pregar com ousadia aos guardas (Ef 6.19,20)
- Tiago não orou para que seus leitores não sofressem provações, mas para que as aceitassem com alegria e aprendessem a ter paciência enquanto passavam por suas dificuldades (Tg 1.2)
- Pedro não orou pedindo libertação para os seus leitores que estavam sofrendo, mas para que se rejubilassem por ser participantes dos sofrimentos de Cristo (1Pe 2)

A oração não muda nossa vida, circunstâncias ou problemas. O foco da oração é mudar-nos! Por que essa ênfase? Pelo fato de a metamorfose acontecer em *nós* enquanto oramos. *Nós* é que mudamos. A seguir, se a situação ou circunstância nunca mudar, não faz mal, porque nós mudamos a ponto de poder lidar com o problema ou situação, qualquer que seja ele. Lembra-se da minha oração no trabalho de bordado? Sua mensagem dá a perspectiva certa sobre a oração: "Senhor, dê-me graça para reconhecer as coisas que não podem ser mudadas, coragem para mudar as que podem mudar, e sabedoria para saber a diferença entre elas".

O Livro deve estar em você — Outra prática espiritual para renovar sua mente é meditar no que está aprendendo, procurando memorizar versículos e passagens relevantes. É por isso que fico dizendo para mim mesma: *Elizabeth, não deixe de memorizar a Escritura!* Nosso objetivo é encher nossa mente com a mente *dele*. Portanto, quando uma decisão ou ação é necessária, temos a palavra de Deus — a voz de Deus, por assim dizer — oculta em nosso coração para nos guiar, falar conosco, indicar-nos a escolha certa.

Você, como todos os cristãos, deve trocar as mentiras do mundo pelas verdades da palavra de Deus. Você, portanto, necessita colocar as verdades de Deus em seu processo mental. Elas estarão sempre disponíveis para renovar a sua mente... a qualquer tempo... em qualquer lugar... em qualquer situação. Memorizar a Escritura permanentemente grava os caminhos de Deus em seu coração e sua mente, para que possa segui-lo de todo o coração, alma e mente (Mt 22.37).

Por que então desperdiçar tempo ouvindo o rádio enquanto dirige? Em vez disso, memorize e recapitule a Escritura, enchendo sua mente com a mente de Deus. Medite sobre o que já gravou e, também, reveja e pense no que está atualmente memorizando. Pense na pura, amável, nobre, estimulante, edificante e transformadora verdade da palavra de Deus. Escolha isso em lugar de demorar-se na última tragédia, crise, fato em algum filme, celebridade musical, moda, crime ou opinião de uma pessoa pública. Medite na palavra de Deus *em qualquer lugar, em qualquer tempo*, inclusive em seu carro, cama, ou enquanto espera no consultório do médico para ser atendida. Uma gloriosa transformação ocorre quando faz isso!

Ponha o seu crescimento no papel — Outra disciplina espiritual que aprecio é escrever diários. Cada palavra que você escreve em um diário tem de passar primeiro por sua mente. Mesmo que esteja escrevendo uma citação de alguém que você admira, ou de algo que leu e que não quer perder ou esquecer, as palavras dessa pessoa atravessaram sua mente e coração para chegar às páginas de seu precioso diário. Escrever em um diário ou caderno é um excelente exercício para renovar sua mente, selecionando o que é importante e suficientemente valioso para merecer o esforço e a disciplina necessários para registrá-lo, preservá-lo e revisitá-lo. Isto leva seus pensamentos cativos à obediência de Cristo (2Co 10.5).

Reúna-se com o povo de Deus — Em seguida vem a adoração, doce adoração! A reunião na igreja com o povo de Deus é refrescante, renovadora! Quando eu cantava no coro da igreja, sentava na galeria e olhava as pessoas, algumas vezes, o santuário parecia quase vazio. Eu cogitava: *Onde estarão as pessoas? Para onde foram esta semana? Elas dizem que esta é a sua igreja, mas onde estão?*

Quando havia um orador convidado, e pouquíssimas pessoas se achavam ausentes, eu pensava, *elas telefonaram para a igreja para saber se o pastor ia pregar? E se soubessem que não, iriam para outro lugar... ou ficariam em casa?* Deus é o Deus das surpresas e bênçãos. Ele arranja para nós ouvirmos e nos beneficiarmos por meio de muitos mensageiros. Um pregador maravilhoso e fervoroso da Austrália... ou Inglaterra... ou África do Sul... ou Fiji poderia deixar você sem fôlego. Um professor de teologia poderia tornar claro o que era difícil e abrir seus olhos para compreender. Um expositor jovem e ardente pode desafiar você de novas maneiras.

> *Compareça para adorar. Este é o seu encontro com Deus e uma oportunidade para ouvir a sua palavra sendo ensinada.*

Compareça ao culto de adoração! Este é o seu encontro com Deus. Quando chegar, estará renovando sua mente ao ouvir a palavra de Deus ensinada e passando tempo com a família de Deus. A reunião com o povo de Deus infunde em você conhecimento, coragem e força para a semana seguinte: preparada, pensando adequadamente, e pronta. Terá menos probabilidade de conformar-se ao mundo e seus caminhos durante a próxima semana.

Arranje algumas amigas íntimas — Se escolher cercar-se de amigas cristãs dedicadas e passar tempo com elas, ficará mais forte do que passar tempo com pessoas que vivem no mundo (incrédulos). Os não cristãos não creem no que você crê ou em quem você crê — Jesus Cristo. Eles só têm padrões pessoais para o seu comportamento. É raro que façam escolhas que você aprove como seguidora de Cristo, e não compreenderão as decisões que você tomar ou a razão de tomá-las. Não a encorajarão em seus objetivos de viver para Deus e segui-lo de todo o coração. De fato, você pode ser até objeto de caçoada e zombaria.

Se tiver um emprego secular, trabalhando mais de quarenta horas por semana, isto é muito "mundanismo", uma dose maciça de exposição ao mundo e seu estilo de vida. Minha amiga, você terá de ser forte e ficar com a mente alerta, vigilante, saber aquilo em que acredita, e ter a coragem de conformar seu comportamento aos preceitos de Deus.

Este é um cenário bastante comum. Uma mulher que trabalha fora de casa quarenta horas por semana, em geral passa mais tempo com as colegas que com seus familiares. Amizades são formadas no trabalho, levando às atividades noturnas com colegas de trabalho; mais tarde, há as reuniões nos fins de semana e, em breve, ela estará fazendo coisas com as amigas do trabalho em vez de ir à igreja.

É certo que você deve ser amiga de todos e dar testemunho de Cristo a todos. Deve também amar e orar para cada pessoa. Em 1Coríntios 15.33, porém, lemos: "as más [mundanas] companhias corrompem os bons costumes". O seu tempo fora do trabalho ou de atividades comunitárias é *seu tempo* para participar de ocupações piedosas, para passar tempo com sua família e com o povo de Deus, para almejar ativamente o crescimento e a transformação espirituais.

Faça seu coração falar — Uma mulher perguntou durante uma conferência: "Elizabeth, sei que as senhoras em minha igreja amam a Deus, mas nunca conversamos sobre ele. Nunca comentamos o que estamos lendo na Bíblia. Não compartilhamos as áreas em que estamos crescendo ou precisamos crescer". Ela continuou: "Amo a Deus, mas não sou muito verbal. Como podemos começar a falar sobre coisas relevantes? Coisas importantes? Coisas que interessam?".

Enquanto falávamos, notei as mulheres ao meu redor. Elas estavam sentadas, trabalhando em projetos artísticos opcionais e tagarelando sobre assuntos eminentemente femininos. Todavia, estávamos em um retiro cristão, um tempo separado do mundo para nos concentrarmos em Deus e em sua palavra, em Cristo e como nos tornarmos mais parecidas com ele. Eu disse então à minha nova amiga: "Comece com você. Faça várias perguntas sobre diferentes assuntos. Não perguntas do tipo: 'Como vai?', mas indagações que exijam respostas significativas e interessantes". Ouvi certa vez uma fita descrevendo uma mulher de 83 anos que nunca cumprimentava ninguém na igreja, mas perguntava antes de qualquer coisa: "Você leu algum livro bom ultimamente?". Ela tocava diretamente em algo importante, o que a pessoa estava aprendendo e fazendo na vida real.

O que mais você pode usar para dar início às conversas? Peça sugestões sobre um bom livro, um estudo bíblico a ser feito ou uma lista de versículos favoritos que você possa memorizar. Peça ajuda com sua vida de oração, indague o que funcionou para elas, como conseguem achar tempo ou se têm um sistema ou formato que as ajude.

Se estiver com cristãos, considere isso uma bênção! Use esse tempo precioso para falar sobre Cristo; sobre o seu Pai celestial; sobre o que está lendo e qual o seu crescimento. A irmandade em Cristo é privilegiada — um relacionamento centrado em Cristo e por causa dele, enfocando coisas da máxima importância. O amor mútuo por Cristo estimulará cada uma de vocês ao amor e às boas obras, ajudando todas vocês na renovação de sua mente.

Revelando o verdadeiro você

Eu disse que há três usos da palavra "transformada" no novo Testamento. Esta agora é a terceira:

> [Jesus] foi transfigurado diante deles [transformado]. O seu rosto resplandecia como o sol, e as suas vestes tornaram-se brancas como a luz (Mt 17.2).

Este é um vislumbre e descrição de Jesus sendo transformado de dentro para fora. Os cristãos se referem a esse evento como "a transfiguração de Cristo". Ele mudou. Sofreu uma metamorfose. Lucas 9.29 acrescenta: "Enquanto [Jesus] orava, a aparência do seu rosto se transfigurou e suas vestes resplandeceram de brancura". Jesus transformou-se enquanto orava. Por quê? Ele queria que o seu círculo íntimo de discípulos — Pedro, Tiago e João — vissem quem ele realmente era — o Filho de Deus.

A mulher excepcional precisa ser real e não temer revelar seu verdadeiro eu. Ela quer ser transformada, concentrando sua mente nas coisas de Deus e na vontade do Senhor — as coisas que importam, coisas que a farão pensar diferente. Esse pensamento renovado resultará em comportamento diferente, ações diferentes e modo de falar diferente dos comportamentos e padrões mundanos.

Avançando

Um fato interessante sobre a metamorfose da lagarta é que enquanto se acha oculta na crisálida, duas coisas estão acontecendo. A primeira é um processo destrutivo que age quebrando alguns dos órgãos da lagarta. Ao mesmo tempo um processo construtivo se encontra em ação enquanto alguns órgãos novos adultos são formados. A lagarta então emerge com um novo corpo depois de ter ficado escondida por algum tempo! Transformada!

O procedimento de renovação da borboleta é similar ao que você experimenta quando se trata do seu crescimento e movimento na direção da vontade de Deus. O processo destrutivo é a sua decisão de *não conformar-se ao mundo*, de quebrar o vínculo dele com você, lutar contra ele, afastar-se e desviar-se dele, buscando algo diferente. O processo construtivo é *ser transformada* segundo os padrões de Deus, sua vida mudando para harmonizar-se com a nova vida de Cristo em seu interior. Isto é transformação das profundezas do pecado para as alturas excepcionais encontradas em Cristo!

Na encruzilhada da estrada, você deve seguir o caminho de *Deus*, fazer as coisas do jeito *dele*, pensar os pensamentos do *Senhor*, ver a vida e as escolhas através dos olhos *dele,* viver para *ele.* Escolherá ações que renovarão sua mente e a tornarão mais como Cristo. Essas escolhas e decisões tornam você uma mulher extraordinária! Você está se assemelhando mais ao seu Salvador, aquele que você ama e que a ama? Tomou então a direção certa!

*Se existe um Deus e ele se importa com os homens,
então a coisa mais importante do mundo é descobrir
o que ele quer que eu faça e fazer sua vontade.*[1]

Cecil Rhodes

12
Seguindo a vontade de Deus

> *Não vos conformeis com este século, mas transformai-vos pela renovação da vossa mente, para que experimenteis qual seja a boa, agradável e perfeita vontade de Deus.*
> ROMANOS 12.2

Já mencionei que durante os 28 primeiros anos de minha vida não era cristã. No entanto, pela graça de Deus, minha vida foi transformada. Deus abriu meu coração para receber seu Filho, Jesus Cristo. Assim, lá fui eu, velozmente, buscando seguir a Deus com todo meu coração recém-transformado. Meu marido, Jim, também rededicou sua vida a Cristo, formou-se no seminário e entrou para o ministério. As várias décadas seguintes de minha vida foram gastas vivendo como mulher de pastor, criando minhas duas filhas e sendo o mais fiel possível para desenvolver um relacionamento mais profundo com meu Senhor.

Naqueles primeiros anos eu sabia pouco sobre a vida cristã e, portanto, busquei na Bíblia as respostas. Cerca de sete anos depois, no decorrer do meu crescimento, recebi uma carta da nossa igreja local, perguntando se eu aceitaria ensinar um pequeno grupo de mulheres como parte de um ministério feminino recém-formado. Eu nunca dera uma aula bíblica e fiquei apavorada com essa oportunidade de servir ao Senhor. Havia, no entanto, estudado as mulheres da Bíblia durante aqueles sete anos. Com o encorajamento de Jim, concordei em ensinar e, como Josué, enfrentei meu desafio.

Deus foi tãooooooo bom! Havia só seis mulheres na classe e, assim, não fiquei intimidada. Na sessão seguinte, pediram-me para repetir o mesmo material em uma oficina. Desde que eu fora valente, corajosa e obediente ao primeiro chamado para ser professora, senti-me menos relutante em concordar com um novo ciclo de aulas. Desta vez, foi um verdadeiro desafio, pois havia sessenta mulheres presentes! As oportunidades que Deus me apresentou progrediram dali por diante. Se alguém tivesse dito que, como recém-convertida, a vontade de Deus para a minha vida, com o tempo, acabaria por me envolver no ministério de escrever e falar para mulheres em todo o país e ao redor do mundo em dezessete idiomas diferentes, não sei se teria rido ou desmaiado!

A vontade surpreendente de Deus

Você pode entender pela minha história como amo Romanos 12.2. É uma chave para compreender o que significa seguir a Deus de todo o coração:

- primeiro uma sentença negativa — "Não vos conformeis com este século";
- depois uma sentença positiva — "Mas transformai-vos pela renovação da vossa mente";
- o resultado dos seus esforços — "Para que experimenteis qual seja a boa, agradável e perfeita vontade de Deus."

Quanta emoção! Conhecer e viver a vontade de Deus é o desejo e sonho de todo cristão.

É para isso que vivemos e onde queremos viver — bem no centro de sua surpreendente vontade! O que ficamos sabendo por esse versículo sobre a vontade de Deus?

A vontade de Deus é boa. Romanos 12.2 fala de "experimentar" a vontade de Deus. Experimentar algo significa prová-lo, afirmá-lo. Quando se trata da vontade de Deus, os cristãos não a testam e a rejeitam por ser má ou menos que perfeita. Ao contrário, temos a garantia de que se a testarmos, vamos descobrir que é boa... agradável... e perfeita. Isso é tudo! A vontade de Deus para você reflete um de seus maravilhosos atributos — a sua bondade. A vontade dele em sua vida e para você é sempre boa. Isto está estabelecido para sempre. É a verdade. E você pode contar com ela. O que está acontecendo pode parecer ou dar a impressão de que não se trata de algo bom, mas, na verdade, não é assim. Não pode ser porque, como parte da vontade de Deus, o alvo é o seu bem. Romanos 12.2 diz isso!

Você pode renovar a sua mente com essa verdade, essa promessa, esse fato, essa certeza, essa garantia. Pode até dizer a Deus: "Senhor, de minha perspectiva isso não parece tão bom, e não me sinto nem um pouco satisfeita. Mas sua palavra diz que é bom, que boa vontade surgirá disso. Estou, portanto, escolhendo crer na sua palavra e não no que estou pensando e sentindo". É assim que você renova sua mente. Na verdade, é bem simples. *Você decide crer na verdade de Deus* sem levar em conta seus pensamentos, ponto de vista, sentimentos e emoções pessoais. Você crê que tem um Deus bondoso que faz que todas as coisas, incluindo sua vontade, cooperem para o seu bem (Rm 8.28).

> *É assim que você renova a sua mente. Você decide crer na verdade de Deus, sem levar em conta os seus pensamentos, ponto de vista, sentimentos e emoções.*

A vontade de Deus é agradável. Que linda a palavra "agradável". Significa dar prazer. A vontade de Deus é boa e agradável, traz prazer, e o cumprimento da vontade dele a satisfaz. É praticamente espantoso pensar que você — e eu — possamos agradar a Deus!

A vontade de Deus é perfeita. As pessoas estão sempre procurando a perfeição. E nós a encontramos na vontade de Deus. Sua vontade não precisa ser aperfeiçoada porque já é perfeita. Assim como demonstra bondade, Deus é também infalível e puro. Ele não comete erros e nele não há mal algum. *Ele* é perfeito e sua *vontade* é perfeita.

Compreendendo a vontade de Deus

A vontade de Deus é um elemento vital para seguir a Deus. Portanto, precisamos compreender melhor a vontade dele.

A vontade de Deus começa com a renovação da sua mente — Leia as palavras a seguir várias vezes. Siga-as mentalmente. Note que cada passo que dá em direção a viver a vontade de Deus afeta o passo seguinte.

Quando nossas mentes são transformadas,
  Nossos pensamentos, raciocínio e compreensão espiritual
  ficam preparados para avaliar corretamente tudo e,
  consequentemente, aceitamos para a nossa vida e conduta
    só aquilo que se conforma com a boa, agradável e perfeita
    vontade de Deus.
      Experimentamos, portanto, a vontade de Deus,
      escolhendo e fazendo apenas o que é bom, agradável e
      perfeito para ele.

A vontade de Deus dará significado a sua vida — A vida faz pouco ou nenhum sentido se você não compreender que Deus tem um plano e um propósito para a sua existência. Quando o profeta Jeremias estava prestes a iniciar um ministério repleto de dificuldades, Deus o encorajou dizendo: "Antes que eu te formasse no ventre materno, eu te conheci, e, antes que saísses da madre, te consagrei" (Jr 1.5). Como aconteceu com Jeremias, a vontade de Deus pode servir de âncora e prover sentido, direção e significado a sua vida. Conte com a vontade de Deus sempre que se sentir desafiada ou incompetente.

A vontade de Deus é exclusiva para você — Se ainda não entendeu, você é extremamente especial para Deus. Ele a criou. Escolheu-a. Ama você. E preparou um propósito especial para a sua vida. Você recebeu uma personalidade, experiência de vida e conjunto de dons espirituais únicos, a serem usados um de cada vez por Deus (1Co 12.4-11). Compreender que Deus tem um propósito especial para você é um grande antídoto contra sentir-se desanimada, inadequada, ou temerosa.

> *A vontade de Deus... renova a sua mente, dá significado à vida, é exclusiva para você, requer paciência, exige obediência.*

Deus exigirá paciência — A vontade de Deus não está oculta, mas pode levar tempo para evidenciar-se por completo. Depois de decidir seguir a Cristo, aceitei fielmente as responsabilidades, desafios e oportunidades que se apresentaram, começando com ser uma esposa e mãe piedosa. Não se preocupe com o que estará fazendo daqui a dez anos. Basta olhar em volta e perguntar: *Onde estou hoje?* Sua tarefa de hoje é ser fiel onde se encontra neste momento. O que Deus quer que faça hoje é a vontade dele. E uma nova parte dela será revelada na ocasião oportuna, de fato a cada novo nascer do sol. Alegre-se onde está agora enquanto espera pacientemente pela flor da vontade dele desabrochar completamente.

Deus exige obediência — Descobrir e cumprir a vontade contínua de Deus para a sua vida começa com aceitar e seguir obedientemente seu propósito revelado para a sua vida. Como você poderá saber a vontade de Deus para amanhã se não obedecer a sua vontade hoje? Portanto, siga hoje a ele de todo o coração, o melhor que puder, no lugar onde está, executando fielmente o que ele lhe pede para fazer neste minuto, nesta hora, neste dia. A seguir afaste-se um pouco e veja Deus revelar o próximo e magnífico passo em direção ao seu grandioso propósito para você!

Descobrindo a vontade de Deus

Como você descobre a vontade de Deus? E o que pode fazer para ajudá-la a conhecer melhor a vontade dele, crer verdadeiramente que faz parte dela e, depois, viver com prazer? Alguns dos passos que se seguem podem parecer óbvios e até repetições. Mas são o caminho certo de Deus para o centro da sua vontade.

Comece com a palavra de Deus — Espero que você esteja dando à palavra de Deus uma posição soberana em seu dia, seu tempo, seus pensamentos, seus sonhos, seus alvos e seu coração. Aconselho sinceramente que nunca tome uma decisão se esteve fora da vontade de Deus mesmo que só por 24 horas.

As coisas acontecem assim. Você vai para a cama. Dorme um bom número de horas. Acorda. Está fisicamente fora do ar — atordoada, sonâmbula, vai cambaleando até a cafeteira ou o bule de chá. Você tem de começar tudo de novo fisicamente a cada manhã. Este ano tentei instalar uma nova disciplina ao levantar pela manhã (e isto precede até o café da manhã!). Bebo um copo médio de água em primeiro lugar. Li, certa vez, que o cérebro humano é feito de 75% de água e que a água faz funcionar seu cérebro e seu corpo.

O mesmo ocorre com a sua vida espiritual. A cada manhã você está fora dela. A cada alvorecer você precisa começar tudo de novo em seu andar com Deus e em acompanhá-lo. Vamos enfrentar a verdade — você esteve dormindo! Assim, como com o primeiro gole de água, você refresca sua mente e coração com a mente e o coração de Deus. Você necessita a força renovadora dele e seu ânimo. Foi isto que disse o rei Davi: "Ó Deus, tu és o meu Deus forte; eu te busco ansiosamente; a minha alma tem sede de ti; meu corpo te almeja, como terra árida, exausta, sem água" (Sl 63.1). Sua necessidade diária de Deus é como a necessidade que seu corpo tem de água. Você talvez não saiba a vontade de Deus para amanhã, mas ao ler e estudar a palavra de Deus, terá a vontade dele revelada para hoje.

Não esqueça de orar — Tenho outro princípio orientador: nunca tome qualquer decisão sem orar. Falei em vários de meus livros sobre a importância da oração ao tomar decisões.[2] Antes de tomar qualquer decisão crio uma grade em uma folha de papel para o assunto e faço, em espírito de oração, quatro perguntas — cuja decisão espero que me leve ou me mantenha no centro da vontade de Deus.

As duas primeiras perguntas trazem à tona os motivos — tanto os bons como os maus.

- Por que vou fazer isso?
- Por que não vou fazer isso?

As duas perguntas seguintes são relativas às convicções baseadas na Bíblia:

- Por que devo fazer isso?
- Por que não devo fazer isso?

Apreciei muito a biografia de Jim Elliott, um missionário assassinado por aqueles a quem desejava ensinar na América do Sul. Fiquei sabendo que, desde o início do ensino fundamental, ele se sentiu chamado por Deus para servir no campo missionário. E finalmente tudo se encaixou para ele. Porém, para ter certeza do seu chamado, passou dez dias em estudo intenso e oração, buscando confirmar que era a vontade de Deus, e não a sua.

Estudo bíblico e oração. Antes de continuarmos, pense sobre esses dois primeiros passos e como eles afetam diretamente suas escolhas. Assuma o compromisso de usar seu tempo ao fazer escolhas.

Quanto maior a decisão tanto mais tempo exige. Quanto mais se dedica à palavra de Deus, tanto mais sua mente se harmoniza com a mente de Deus, pensando nas coisas como ele pensa a respeito delas. Quanto mais seus pensamentos se conformam aos de Deus, tanto mais verá as coisas como ele as vê, enxergando as escolhas da sua vida como Deus o faz. Isso capacita você a ficar mais certa sobre aceitar as decisões dele ao tomar as suas. Oração e estudo bíblico são cruciais para descobrir a vontade de Deus e avançar em direção a essa vontade.

Salvaguardo para pedir conselho — Você talvez esteja pensando, *mas eu li a Bíblia e orei. Por que preciso buscar conselho?* O motivo é que a resposta tem que ver com o coração — o seu coração. Deus tem isto a dizer: "Enganoso é o coração, mais do que todas as coisas, e desesperadamente corrupto; quem o conhecerá? (Jr 17.9). É decepcionante compreender que, como cristãs que somos, possamos ler a Bíblia e orar... e mesmo assim continuar a ver o que queremos. Podemos também deturpar a Escritura e fazê-la dizer ou apoiar o que queremos ouvir ou aprovar. Mesmo depois de consultar a Deus, algumas vezes prosseguimos e tomamos decisões que nos agradam, e não a ele. Ao buscar conselho você consegue uma opinião externa, objetiva. Pode perguntar a seu marido, a seu pastor, a um líder da igreja, a um mentor ou a uma mulher cristã madura. Pergunte a alguém que seja mais sábio e em quem confie. Creio firmemente em ter um grupo íntimo de conselheiros que, habitualmente, procuro para tomar decisões acertadas.

Fator em sua vida pessoal — Faça estas perguntas: *Este é um bom uso de meu tempo, dinheiro ou energia? A ocasião é oportuna?* Como sabe só há determinado tempo, dinheiro determinado e energia determinada. Algumas vezes, não há nada disponível para o que você está considerando. A ocasião não é oportuna. A fase da vida é errada para o tipo de compromisso que você está contemplando. Avance, portanto, um passo e pergunte: *Isso glorificará a Deus? É desse modo que Deus quer que eu gaste meu tempo, meu dinheiro, minha energia? Essa é uma causa piedosa?* Perguntas desse tipo ajudam você a se aprofundar nas escolhas que está prestes a fazer.

Faça a vontade de Deus

Este é o avô de todas as decisões! Escolha fazer a vontade de Deus acima de tudo que sente, teme, deseja ou não deseja, ou tenha experimentado... sejam coisas boas sejam ruins. Você pode estudar a Bíblia de capa a capa, orar durante semanas, pedir inúmeros conselhos, sondar o próprio coração e *mesmo assim* dizer: *Eu tive uma experiência negativa da última vez que fiz isso. Disse que não faria novamente e não vou fazer.* Entretanto, se Deus disser que você tem de fazer alguma coisa, faça-a! É melhor estar na vontade dele e passar por algum sofrimento ou ficar estressada que ficar fora de sua boa, agradável e perfeita vontade. Não falhe no grande propósito e plano de Deus para você! O uso que ele fizer de você será de um modo único e compensador. Não perca as suas bênçãos, concedidas aos que estão na sua vontade simplesmente por desejar sentir-se confortável, egoísta, ou segura. Faça a vontade de Deus de todo o coração.

Esperando que a vontade de Deus seja desvendada

A vontade de Deus é como uma flor primaveril que se abre gradualmente à medida que os dias progridem. O processo começa onde você está com o que sabe ou está aprendendo na Bíblia. Embora esteja aguardando o desvendar do futuro e o que você *não* sabe, seja fiel ao que *já* sabe. Estas são algumas perguntas para ajudá-la a começar a ver a vontade de Deus enquanto busca ser obediente ao que sabe que a Escritura ensina sobre a vida piedosa hoje.

- *A vontade de Deus* é que você chegue ao arrependimento (2Pe 3.9). Você chegou?
- *A vontade de Deus* é que você seja conformada à imagem de seu Filho (Rm 8.29). Devem ocorrer mudanças?
- *A vontade de Deus*, se você for casada, é que ame e respeite seu marido (Ef 5.22-33). Como vão as coisas com você?
- *A vontade de Deus*, se tiver filhos, é que cuide deles e os eduque espiritualmente (Ef 6.4 e Dt 6.5-7). Como você avalia o seu desempenho no papel de mãe?
- *A vontade de Deus* é que se mantenha pura (1Ts 4.4). O que deve ser feito para *garantir* isto?
- *A vontade de Deus* é que você seja testemunha dele (At 1.8). Isto está acontecendo? Caso negativo, o que você precisa fazer?

Avançando

Duas coisas fantásticas acontecem quando você segue a Deus e faz a vontade dele. A primeira, fazer a vontade de Deus prova definitivamente que ela é boa, agradável e perfeita. A segunda, você é beneficiada. Cumprir a vontade de Deus dá a você paz de espírito porque Deus está no controle, e você, onde deve supostamente estar, fazendo o que deve fazer. Você não terá de preocupar-se quanto a estar ou não fazendo a coisa certa ou passando seu tempo e sua vida da maneira correta.

Avançar na vontade de Deus permitirá que sua confiança cresça, brote e desabroche porque Deus está no controle. Você é uma mulher excepcional de Deus; portanto, pode continuar suas obrigações, cuidar de suas responsabilidades, comparecer aos seus compromissos e eventos, enfrentar a consulta médica ou a cirurgia com plena segurança de que poucos erros estão sendo feitos em sua vida. Embora você não seja perfeita — nenhum ser humano o é — você está diligentemente buscando manter-se na vontade de Deus e vivendo de acordo com ela. Ela é boa. É agradável. É *perfeita*.

Seção 4

Tornando-se uma mulher humilde

Oh!, ser salvo de mim mesmo, Senhor amado,
Oh!, perder-me em Ti,
Oh!, que não fosse mais eu,
Mas Cristo, que vive em mim.

A. B. Simpson

13
Lançando o alicerce da humildade

*Sede submissos aos que são mais velhos; outrossim,
no trato de uns com os outros, cingi-vos todos de humildade,
porque Deus resiste aos soberbos, contudo,
aos humildes concede a sua graça.
Humilhai-vos, portanto, sob a poderosa mão de Deus,
para que ele, em tempo oportuno, vos exalte.*
1Pedro 5.5,6

Não há um dia sequer que não esteja transbordando de trabalho, atividades, deveres, desafios e responsabilidades que requerem muita fidelidade para sair da cama e mover-me de acordo com o chamado de Deus para segui-lo fielmente com tudo que tenho e tudo que ele supre graciosamente. Enquanto tento resolver meus problemas, enfrento meu desafio número um para o dia e lido com quaisquer provações contínuas e com as surpresas ocasionais que se apresentam ao longo do caminho, mas em tudo que faço preciso da ajuda e do poder de Deus.

Esta é a razão de estar escrevendo este livro e compartilhando versículos bíblicos que me comovem e me motivam a seguir a Deus de todo o coração. As verdades e promessas bíblicas dão-me força, coragem, e poder para continuar caminhando, correndo atrás de Deus e vivendo sua vontade e plano para mim.

Descobrindo um novo tipo de poder

Há uma surpresa em 1Pedro 5.5,6. Talvez você fique tão espantada quanto eu fiquei quando esses versículos e a mensagem neles contida me atingiram. O que me atraiu para esses dois versículos? Para começar, amo a promessa no final do versículo 6. Foi isso que primeiro chamou minha atenção. Porém, o versículo 6 não se destaca por si só. Ele é precedido pelo versículo 5 e suas instruções:

> 5 Rogo igualmente aos jovens: sede submissos aos que são mais velhos; outrossim, no trato de uns com os outros, cingi-vos todos de humildade, porque "Deus resiste aos soberbos, contudo, aos humildes concede a sua graça".
>
> 6 Humilhai-vos, portanto, sob a poderosa mão de Deus, para que ele, em tempo oportuno, vos exalte.

Descobrimos nesses versículos uma qualidade completamente diferente — na verdade um oposto — da força, poder e coragem que estivemos enfocando até agora. De fato, esta é uma nova qualidade do poder. Esses versículos e a virtude que eles exaltam — *humildade* — podem ser vistos como o lado aveludado da força. Leia novamente as duas passagens e observe o seguinte:

- somos chamadas para ser submissas;
- recebemos ordem para nos vestir de humildade;
- somos instruídas a humilhar-nos.

Com essas virtudes, Pedro também nos diz para colocar um espírito manso e tranquilo (1Pe 3.4).

De que forma, como mulheres de Deus, podemos captar o poder necessário para avançar valente e ousadamente no futuro de Deus para nós e continuar cultivando e preservando a qualidade de um "espírito manso e tranquilo"?, indaguei-me. A resposta está na humildade.

Como notou Agostinho: "Se planejar construir uma casa alta de virtudes, deve primeiro lançar os alicerces profundos da humildade".

Humildade — a grande virtude de Deus

A humildade é realmente uma atitude. A postura humilde do coração é a flor de todas as atitudes que Deus deseja em nós como mulheres — mulheres que o amam supremamente e desejam segui-lo de todas as formas. Cultivada no coração e na mente, a humildade é parte importante da semelhança com Cristo. Jesus disse, "Aprendei de mim, porque sou manso e humilde de coração" (Mt 11.29). Aprendemos, desse modo, que Jesus era amável e humilde. Filipenses 2.8 diz: "A si mesmo se *humilhou*, tornando-se obediente até a morte e morte de cruz".

Há mais, no entanto! Alguns versículos antes de Filipenses 2.8, você e eu e todos os cristãos somos advertidos a respeito do seguinte: "Por humildade, considerando cada um os outros superiores a si mesmo" (v. 3). No versículo 5, é-nos dito: "Tende em vós o mesmo sentimento que houve também em Cristo Jesus". Como pode ver, *nós* também devemos ser mansas e humildes de coração.

Com a humildade de Cristo em mente, vejamos o que está envolvido em tornar-se uma mulher humilde — em tornar-se mais como Jesus.

Examinando o plano de Deus para você

Em 1Pedro, um livro da Bíblia escrito por Pedro, um dos doze discípulos de Jesus, encontramos *bastante* informação baseada no grande espaço de tempo que ele passou na presença do Mestre. (Imagine andar e conversar pessoalmente com Jesus, assim como observá-lo por três anos!) O apóstolo refere-se repetidamente ao seu conhecimento pessoal de Cristo.

Pedro tem muito a contar! Porém, a quem? Ele escreveu essa carta aos cristãos exilados. Eram cristãos vivendo em um mundo não cristão. (Esses somos nós hoje!) Esses cristãos dispersos estavam sofrendo. (Nós outra vez!) Pedro escreveu para exortá-los, consolá-los e encorajá-los. Ele queria informá-los sobre como viver de modo cristão em circunstâncias adversas. (Que carta oportuna para hoje.)

Ao chegar ao capítulo 5, Pedro já deu várias instruções aos cristãos — inclusive você e eu — sobre o nosso relacionamento com Deus e com os demais cristãos. No capítulo 5, ele passa a discorrer sobre os nossos relacionamentos com a igreja e na igreja. Depois de dirigir-se aos líderes e jovens, o apóstolo volta a atenção para "todos vós", o que nos envolve. Pedro nos diz algumas coisas sobre o plano de Deus para nós e algo que podemos e devemos aplicar a nossa vida.

> Sede submissos [...] no trato de uns com os outros, cingi-vos todos de humildade (v. 5).

Três ações que cultivam a humildade

De acordo com 1Pedro, há três ações que constroem um fundamento e, com o tempo, caracterizam a humildade no cristão.

1. *Escolha dar prioridade a outros.* Esse primeiro ato em direção à humildade é personificado nas palavras de Pedro: "Sede submissos no trato de uns com os outros". Esse versículo é um dos famosos "uns com os outros" na Bíblia. Ele envolve ação no que diz respeito a outros. Note igualmente — humildade e submissão *não* fazem parte do fruto do Espírito identificado em Gálatas 5.22,23. Humildade e submissão não são atitudes nem características que recebemos automaticamente ao confiar em Cristo. Humilhar-se e submeter-se é algo que devemos fazer por conta própria com a graça de Deus. Portanto, o melhor que você pode fazer é estabelecer um alvo para cultivar a humildade. De fato, Deus estabelece esse alvo para você. Em 1Pedro 5.5 há uma ordem que deve ser obedecida.

Para adquirir humildade e submissão devemos praticar essas atitudes e crescer nelas.

Por favor, não esqueça isto: há um ar de esperança na instrução de Deus para dar prioridade a outros. Jesus exemplificou a submissão e a humildade para nós. Isto não é assombroso? Significa que você e eu, ao fazermos uma simples escolha, ao obedecermos a uma ordem, acabamos por nos tornar mais parecidas com Jesus! E este é outro raio de esperança. Por ser uma ordem, Deus nos *capacita* a responder, seguir até o fim, desenvolver essas qualidades em nossa vida. Ele não nos pede para fazer coisa alguma sem prover um meio de sermos bem-sucedidas.

O que é exatamente submissão? É mostrar deferência a outros. Isto envolve aceitar ordens. Outra definição é "dobrar-se". Podemos submeter-nos — dobrar-nos — porque, certamente, não quebraremos, mesmo que possa parecer isso, às vezes. O alvo da submissão é adequar-se aos planos ou à direção de outrem. É adaptar-nos ou ajustar-nos ao estilo de vida de outra pessoa. Isto inclui adaptar nosso caminho ao de outrem, subordinando-nos deliberadamente e dando à outra pessoa mais autoridade ou graça.

Podemos submeter-nos, dobrar-nos — porque, certamente, não quebraremos... mesmo que possa parecer isso às vezes.

Jesus foi a maior ilustração de alguém querendo adequar-se e dobrar-se em relação ao estilo de vida e compromissos de outro indivíduo. Isto ficou evidente bem cedo em sua vida. Esta é a cena em Lucas 2.41-52:

> Jesus tinha doze anos, quase treze — um adolescente. Depois de uma peregrinação anual ao templo com sua família para observar a Páscoa, seus pais não conseguiram encontrá-lo. Estava ausente da caravana que voltava para casa. Quando seus pais decidiram

regressar para procurá-lo, eles encontraram Jesus ainda no templo, conversando com eruditos. Maria, sua mãe, o repreendeu falando de sua preocupação. Jesus a lembrou de quem ele era e qual a sua tarefa na terra. Ele disse basicamente: "Não esqueça de que eu sou Deus. Estou aqui para tratar dos negócios de meu Pai".

Como essa cena terminou? No versículo 51 lemos, "[Jesus] desceu com eles para Nazaré; e era-lhes submisso". Pense nisso. Jesus Cristo, Deus na carne, o Filho de Deus, sujeitou-se voluntariamente e submeteu-se à autoridade humana de seus pais. Ele mostrou deferência para com eles, ajustando-se aos seus planos e orientação. Jesus escolheu adaptar-se aos pais e conformar-se ao estilo de vida deles.

Há algum tempo uma mãe veio procurar-me para falar de seu filho adolescente. Ela relatou: "Ele tem treze anos. Aconteceu! É um legítimo adolescente. Ele vai agora para o seu quarto, bate a porta e, repentinamente, não quer ter mais nada conosco. Está se recusando a fazer suas tarefas domésticas ou comer com a família". Dei a ela a referência sobre a vida de Jesus em Lucas 2 e sugeri que a compartilhasse com o filho. Estou certa de que os resultados foram interessantes.

2. *Escolha submeter-se.* Pedro disse: "Sujeitai-vos uns aos outros". Quando se trata de submissão e deferência, ninguém pode obrigar você a agir dessa forma. Nem seu pastor, seu marido, seu conselheiro, seus pais. A igreja também não pode. Submissão é uma escolha completamente pessoal. Você *escolhe* se quer submeter-se.

Lembre-se de que respeito aos outros é uma atitude. É aqui que a sua maneira de pensar entra em jogo. Devemos então estar sempre mentalmente prontas para submeter-nos e servir de boa vontade a outros. O dr. Charles Ryrie escreve: "O cristianismo fez da humildade uma grande virtude". A seguir ele explica a atitude: "É uma atitude mental que reconhece que não temos razão para destacar-nos aos olhos de Deus".[1] Até a morte de Cristo, a humildade era escarnecida, especialmente entre os gregos, povo predominante durante a vida de Cristo na terra. De súbito, com a expansão do cristianismo, ela se tornou a linda flor de todas as virtudes para os cristãos.

3. *Escolha classificar-se como inferior a outros*. A submissão é também um termo militar significando "posição inferior". Um soldado escolhe colocar-se em sujeição às ordens dos oficiais. Como esse soldado, você e eu *escolhemos* classificar-nos voluntariamente abaixo de outras pessoas.

Em todo o livro de 1Pedro, vinte ou mais categorias ou áreas de submissão são mencionadas para os cristãos. Todavia, quando os cristãos pensam em submissão, tendemos a mentalizar uma esposa e seu relacionamento com o marido. É verdade que Pedro comenta sobre isso em 1Pedro 3.1-6. Como todas as virtudes que Deus deseja em nós, a humildade começa em casa com os filhos se submetendo aos pais, como Jesus fez e como esse jovem adolescente, cuja mãe anda preocupada, precisa aprender. Mas ela não termina com os filhos se submetendo aos pais; ou as esposas, aos maridos. Devemos alargar nossos horizontes quando se trata de submissão. Devemos pôr de lado nossa tendência para resistir, irritarmo-nos ou reagirmos contra a ordem de Deus para que nosso estilo de vida seja de humilde submissão. Já ouvi mulheres dizerem: "Submissão? Você quer dizer que preciso submeter-me a meu marido? Que maldição!"

Todos os cristãos — sim, Pedro diz, "todos vocês sejam submissos uns aos outros" — devem submeter-se nas mais de vinte instâncias, circunstâncias e situações que ele menciona. Submeter-se ao marido é apenas uma pessoa da lista, se isso ajuda a colocar a humildade em perspectiva. A submissão aplica-se a cada crente "sujeitando-se uns aos outros no temor de Cristo" (Ef 5.21). Isso não termina na porta de sua casa. Essa atitude e escolha de respeitar outros se estende à igreja, ao governo, à sociedade, aos empregadores, às normas escolares e ao mundo.

Uma palavra aos sábios

Vamos atacar a controvérsia da submissão? Ao incluir a exortação em 1Pedro 3.1 para as mulheres serem "submissas aos seus próprios maridos", o Novo Testamento menciona essa atitude e decisão mais cinco vezes.[2] Como esposa, perguntei repetidamente: "O que isto significa?" E fui levada de volta à definição de submissão: "classificar-se como inferior a outras pessoas". Outra definição é extraída de *Creative counterpart* [*Parceira criativa*] de Linda Dillow. Certo dia, Linda perguntou ao marido, o dr. Joseph Dillow, um respeitado ex-membro da faculdade do Seminário Teológico de Dallas, algo assim: "Querido, pelo seu estudo da Bíblia, o que submissão significa realmente para você?" Da vastidão de seu conhecimento bíblico, o dr. Dillow resumiu tudo em duas palavras: "Não resistir". (Nossa!)

Veremos no capítulo seguinte a razão dessa grande definição do que Pedro está nos ensinando quando diz: "Sujeitai-vos uns aos outros". Porém, é assim que a submissão funciona no casamento. Devo ser submissa a Jim. Ele está em uma categoria especial como meu marido, e Deus fala diretamente a esse relacionamento. Jim, no entanto, faz parte dos muitos "uns aos outros" a quem devo submeter-me. Descobri isso desde que aprendi a seguir a liderança de meu marido e estabeleci um alicerce sólido de humildade em nossa casa e, desse modo, ficou muito mais fácil estender a atitude para todos os demais.

Avançando

Faça uma pausa e considere o que significa seguir a Deus de todo o coração. Estou certa de que concordará que amor e devoção estão no cerne de seguir a Deus sincera e fervorosamente. Essas palavras descritivas apagam automaticamente seus opostos — segui-lo indiferente, fria ou desinteressadamente. É fácil manquejar em nossa lealdade ao Senhor e em nosso amor por ele. É sempre mais fácil atrasar o passo e lidar com alternativas, desviar-se, ou não obedecer, em lugar de buscar apaixonadamente a vontade revelada de Deus. Qual é a vontade do Senhor? Nas palavras do apóstolo Paulo: "[...] avançando para [coisas] as que diante de mim estão, e "prossigo para o alvo, para o prêmio da soberana vocação de Deus em Cristo Jesus" (Fp 3.13,14).

Somos chamados e recebemos ordem para uma obediência completa, instantânea, até o fim, a tudo que Deus nos pede. Ouvimos dos lábios de Jesus: "Se me amais, guardareis os meus mandamentos" (Jo 14.15). Ele disse também: "Aquele que tem os meus mandamentos e os guarda, esse é o que me ama [...] se alguém me ama guardará a minha palavra" (v. 21,23).

Seguir a Jesus de todo o coração requer humildade. Acontece, porém, que a humildade nunca pode ser alcançada sem submissão. Sem humilhar-se.

O orgulho, o oposto da humildade, não pode e não desejará seguir a Deus... ou qualquer pessoa. O orgulho nunca sonhará com submeter-se. E "Deus resiste aos soberbos" (Tg 4.6).

Por favor, não lute contra Deus. Você perderá essa luta! Esteja disposta a dobrar-se, flexionar e submeter-se aos mandamentos de Deus... e às pessoas que ele colocar em seu caminho, às quais ele pede que respeite. Você pode fazer isto! Toda a graça de Deus está a sua disposição, sua filha querida. Aprenda a submissão com seu amável, humilde, maravilhoso, perfeito Senhor Jesus. Nestes dias de confusão sobre aquiescência e desdém sobre humildade, busque na Bíblia um fundamento sólido de verdadeira humildade. As suas verdades colocarão ordem no caos quanto ao que Deus deseja para você como uma mulher que quer segui-lo de todo o coração.

> *Aprenda submissão com seu amável, humilde, maravilhoso, perfeito Senhor Jesus.*

Deus tem dois tronos,
Um nos mais altos céus,
o outro no coração mais humilde.

D. J. Moody

14
Colocando um coração de humildade

Sede submissos [...] no trato de uns com os outros, cingi-vos todos de humildade, porque Deus resiste aos soberbos, contudo, aos humildes concede a sua graça. Humilhai-vos, portanto, sob a poderosa mão de Deus, para que ele, em tempo oportuno, vos exalte.
1PEDRO 5.5,6

No ano passado, Jim e eu fomos convidados por um país de fala espanhola para uma oportunidade especial de ministério. A organização patrocinadora estava tão entusiasmada e encorajadora que aceitamos o convite e embarcamos no que acabou sendo uma viagem emocionante. O voo foi normal (graças a Deus!), mas o ocorrido no momento de nossa chegada foi incrível.

Primeiro, fomos escoltados como "dignitários visitantes" na passagem pela imigração, o que significava não ficar na fila, não ser revistados, não sermos interrogados. A seguir, enquanto esperávamos pela nossa bagagem em uma sala VIP, fomos informados de que a esposa do presidente do país queria encontrar-se conosco naquela tarde. Depois disso, recebemos essa mais odiosa notícia para um viajante, especialmente em um país estrangeiro: "Sua bagagem está perdida".

Isto, porém, não foi um problema para nossos anfitriões. Enquanto um grupo nos levava para o hotel, outro grupo tirou a medida de nossas roupas, foi às lojas locais e na hora em que devíamos seguir para o palácio presidencial, estávamos vestidos com novos trajes da cabeça aos pés. E essa não é sequer a melhor parte da nossa história.

Ao chegarmos ao palácio fomos recebidos por guardas uniformizados e uma porção de assistentes que nos levaram por um labirinto de corredores até uma sala de estar confortável onde encontramos a primeira-dama do país. Não pudemos deixar de notar a importância dela. Os guardas estiveram sempre visíveis desde o primeiro minuto até deixarmos o palácio. Quando ficamos com essa mulher maravilhosa, Jim e eu começamos a falar de nossas famílias, ela e eu chegamos até a derramar juntas algumas lágrimas. Fiquei imensamente impressionada com seu espírito doce e humilde. Ela contou-me animada como Deus usara vários de meus livros em sua vida e me encorajou a continuar escrevendo livros úteis para os cristãos. Desculpou-se também por não assistir à conferência em que eu falaria. Ela gostaria muitíssimo de participar daquele evento feminino para todo o país, mas, por causa de sua posição, achava que a sua presença causaria muita agitação.

Submissão, o começo da humildade

Ao sairmos do palácio, com seus guardas armados e portões maciços, agradeci a Deus pelo privilégio de conhecer aquela mulher amável que estava vivendo como Cristo pelos seus atos. Parte de sua beleza era claramente sua veste de humildade. Ao escrever este capítulo para comunicar como a submissão e a humildade trabalham juntas, estou refletindo meu encontro com ela. O que enfatizava a humildade daquela grande mulher? Vi isto em sua submissão a Deus primeiro e acima de tudo. Porém, ela era também submissa ao marido e às responsabilidades dele, aos protocolos de seu país, ao seu programa, à sua posição, às suas responsabilidades. Tudo isso sem mencionar sua disposição para aprender de outros (até de mim) enquanto lê e procura crescer.

A humildade dela resulta de seu espírito submisso ou o contrário? Seu coração submisso cria a humildade que observei? Não tenho certeza. Humildade é um tipo diferente de qualidade. No momento em que você pensa que a encontrou, ela se vai. Todavia, você pode ser a mulher mais poderosa de uma nação e, mesmo assim, possuir sua doçura. A verdadeira humildade flui de um coração humilde. Ela pode ser cultivada a ponto de tornar-se tão automática que você nunca precisa pensar conscientemente: *Devo ser humilde e agir com humildade nessa situação ou com essas pessoas.*

> A submissão é essencial ao cristianismo. Ela é o alicerce dos relacionamentos, da vida na igreja, da unidade, da paz, do progresso.

Infelizmente, em muitos círculos cristãos, a submissão tem sido identificada erradamente, incompreendida e abusada. Ela, algumas vezes, é chamada de "palavra S". Isto deprecia a graciosa postura e mentalidade da colaboração e conformidade que deve assinalar *todos* os cristãos — homens e mulheres. A submissão é essencial ao cristianismo. Ela é o começo — o alicerce — dos relacionamentos, da vida na igreja, da unidade, da paz, do progresso. O subtítulo deste livro é "Crendo e vivendo o plano de Deus para você". Quando o apóstolo Pedro ensinou sobre humildade em 1Pedro 5.5,6, ele estava apresentando um plano para a igreja — cujo plano põe em prática a vontade de Deus. Cada cristão, cada membro do corpo de Cristo, precisa saber e crer que ele ou ela tem uma responsabilidade na igreja e, em seguida, viver para o bem de todos, o que, algumas vezes, exige autossacrifício e colocar outros antes de você — atos que requerem humildade.

Uma história pessoal

No capítulo anterior, terminamos com um debate sobre a submissão no casamento. Examinamos várias das muitas instruções para todos os cristãos serem submissos nos relacionamentos. Agora, antes de continuarmos, quero compartilhar uma história pessoal.

Aceitei a Cristo só aos 28 anos. Já era casada e tinha duas filhas na pré-escola. Tornei-me cristã na década de 1970, no apogeu do Movimento de Libertação Feminina. Você pode imaginar o que pensei da primeira vez em que ouvi falar sobre submeter-me à liderança de meu marido? *Eu? Uma mulher liberada? Nunca!*

Que eu me lembre, até oito anos de casamento e três anos como mãe, minha vida era, via de regra, terrível. É claro que havia alguns bons momentos, mas, no geral, não era feliz, satisfeita nem realizada. Não tinha qualquer esperança nem orientação. Finalmente descobri e aceitei Deus e a sua palavra — a Bíblia. Tive, afinal, a *verdadeira* ajuda, as respostas *reais* e a verdade *real*. Devorei a palavra de Deus e memorizei os versículos que me ajudariam durante minha vida e especialmente em meu lar.

Quando cheguei a 1Pedro 3.1, memorizei imediatamente:

> Mulheres, sede vós, igualmente, submissas a vosso próprio marido, para que, se ele ainda não obedece à palavra, seja ganho, sem palavra alguma, por meio do procedimento de sua esposa.

Isto não foi, no entanto, suficiente. Eu precisava saber o que *significava* ser submissa a meu marido. Estudei, portanto, o versículo. Refleti muito sobre o seu sentido. Orei sobre ele. Perguntei a outras cristãs o que pensavam. Mais difícil foi descobrir como praticar o que estava aprendendo. Orei mais ainda. O maior desejo do meu coração era fazer o que quer que Deus pedisse de mim mesmo que não entendesse.

Comprometi-me, portanto, a fazer todo o possível para seguir Jim, meu marido, como meu líder. À medida que fiz isso, aprendi que a maioria das aplicações da submissão em minha casa e em meu casamento se estendia também aos meus relacionamentos e papéis na igreja. Por causa de anos de prática, estudo contínuo com perseverança e uma crescente compreensão do que é necessário para que a submissão aconteça, aprendi a submeter-me e servir a quase todos. Esta é a minha "Lista S" parcial, extraída do passado e do presente.

- Devo submeter-me a Deus, a Cristo, ao Espírito Santo e à palavra de Deus.
- Devo submeter-me a Jim, meu marido.
- Devo submeter-me aos líderes de minha igreja ou de qualquer igreja quando tiver de fazer uma palestra em uma conferência.
- Devo submeter-me aos que supervisionam qualquer ministério do qual participe.
- Devo submeter-me ao chefe, deão, pastor ou presidente que coordena qualquer ministério de palestras (e isto inclui seus assistentes).
- Devo submeter-me a qualquer líder de coral ou de alguma oficina de treinamento... como também a seus assistentes.

Minha lista estendeu-se para além disso, é claro. Por exemplo, tenho seguro automobilístico porque o governo exige. Pago uma taxa anual para um teste veicular do meu carro, novamente porque o governo requer. Estou nesta terra e fui salva por Cristo para servi-lo, segui-lo — e ser sua testemunha para as pessoas à minha volta. Aprendi a submeter-me a Deus e segui-lo de todo o meu coração, o que me levou a aprender a submeter-me a meu marido e finalmente saber o que é necessário e o que está envolvido em submeter-me a outros.

Submissão é uma ação, uma escolha, um estilo de vida. Para mim, seguir a Deus de todo o coração — e para você, segui-lo com todo o seu — requer um espírito de aquiescência. Esta é a chave para *todos* os cristãos — homens e mulheres, líderes e seguidores. É o segredo para a unidade e funcionamento pacífico da igreja. Então, como você quer servir as pessoas e à igreja? Quer ser vista como um problema difícil ou um contribuinte submisso para o bem maior de todos? Quer ser conhecida como uma pessoa do tipo "o que quer que você faça fique longe dela" ou como uma pessoa "se precisar que alguma coisa seja feita, ela fará"? A humildade faz a diferença.

A abrangência da humildade

Depois do chamado de Pedro para todos os cristãos — "todos vós" — "sejam submissos uns aos outros", ele dá um alvo ao acrescentar outro requisito divino, que é também um meio de concordar com sua primeira ordem para serem submissos. Lemos:

Cingi-vos de humildade.

Se você pergunta como ser mais agradável e útil, Pedro ensina. Embora já tenha declarado o que os cristãos devem fazer — ser submissos — ele agora explica as atitudes essenciais da humildade.

A humildade é uma atitude em relação a outros — É uma atitude de serviço e ajuda em direção e na presença de outros. "Cingi-vos todos de humildade" (1Pe 5.5). Da mesma forma que a submissão, a humildade não é concedida como parte de nossa posição em Cristo, não sendo também obtida automaticamente na salvação. Humildade é uma qualidade que desenvolvemos à medida que procuramos ajuda em Deus. Vestir-nos de humildade é uma decisão deliberada.

A humildade é um traje a ser usado — Como eu, você se levanta todos os dias, vai até o armário e as gavetas e escolhe as roupas que vestirá durante o dia. Temos de fazer a mesma coisa espiritualmente. Esta é uma lista parcial do guarda-roupa aprovado por Deus:

- revestir-se de um novo homem (Ef 4.24);
- revestir-se com um espírito manso e tranquilo (1Pe 3.4);
- revestir-se de ternos afetos, bondade, humildade, mansidão, longanimidade (Cl 3.12);
- revestir-se de amor (Cl 3.14);
- adornar-se com boas obras (1Tm 2.10);
- revestir-se com humildade (1Pe 5.5).

O que você está vestindo hoje? Pedro diz "Cingi-vos de humildade". Imagine colocar um avental — o avental de uma empregada. Nós o escolhemos, pegamos, colocamos a nossa volta e nos amarramos nele. Usamos o avental como sinal de serviço. Quando você sai às compras e precisa de ajuda em uma loja, procura uma mulher com uma bolsa? Não, ela é outra compradora. Em vez disso, você procura alguém usando um avental da loja, uma camiseta ou um uniforme e um crachá. Isto identifica quem está destinado a ajudá-la.

Pedro quer que sejamos marcadas pelo nosso "uniforme", nossa roupa, nossas vestes de humildade. Devemos, nas palavras de Jill Briscoe, autor e professor bíblico, juntar-nos à "Ordem da Toalha". Como Jesus, que tinha a forma de Deus, era igual a Deus, e diante de quem todo joelho se dobrará (Fp 2.6-11), devemos servir humildemente a outros. Talvez a descrição mais terna de Jesus na Bíblia seja quando o encontramos lavando os pés dos discípulos.

> Um pouco antes da festa da Páscoa, sabendo Jesus que havia chegado o tempo em que deixaria este mundo e iria para o Pai, tendo amado os seus que estavam no mundo, amou-os até o fim. Estava sendo servido o jantar, e o Diabo já havia induzido Judas Iscariotes, filho de Simão, a trair Jesus. Jesus sabia que o Pai havia colocado

todas as coisas debaixo do seu poder, e que viera de Deus e estava voltando para Deus; assim, levantou-se da mesa, tirou sua capa e colocou uma toalha em volta da cintura. Depois disso, derramou água numa bacia e começou a lavar os pés dos seus discípulos, enxugando-os com a toalha que estava em sua cintura (Jo 13.1-5; NVI).

O lava-pés era obrigação do mais humilde dos servos. Só raramente, e por amor completo e absoluto, os iguais — e os superiores muito menos! — lavavam os pés de seus semelhantes. Enquanto os discípulos discutiam qual deles era o maior (Lc 22.24), Jesus, o maior dentre eles e Deus encarnado, começou serenamente a lavar a poeira, a terra e a sujeira dos pés deles.

O exemplo de Jesus nos chama para revestir-nos de humildade e servir os outros. Precisamos envolver-nos nas vestes da humildade. Colocar o crachá da humildade. Começar nossa tarefa de cumprir a ordem de Deus para servir humildemente uns aos outros. "Tende em vós o mesmo sentimento que houve também em Cristo Jesus" (Fp 2.5).

A humildade é a negação do "eu" — A humildade tem lugar na mente. Por que digo isso? Porque humildade é modéstia mental (Fp 2.3). Somos ensinadas a cingir o nosso entendimento (1Pe 1.13), que seria como enrolar as mangas para agir. Nosso processo mental precisa rejeitar os caminhos do mundo e conformar nossas mentes a cumprir espiritual, mental e fisicamente as instruções de Deus de boa vontade e alegremente. "Humilhai-vos, portanto, sob a poderosa mão de Deus" (1Pe 5.6).

Deus não nos diz para nos *sentirmos* humildes. Ele não está sequer dizendo que devemos *orar* para ser humildes (embora isso não fosse errado e seja uma boa coisa a fazer). Não, ele está pedindo para *agir* com humildade, para dar expressão à humildade. Devemos fazer as coisas que indiquem que *somos* humildes de coração, como servir outros de maneira despretensiosa, aceitando ordens de outros, e adequando nossa vida aos planos deles.

Jesus agiu de acordo com sua atitude de humildade. Ele estava disposto — e desejoso — de servir e ajudar outros. Pensou nas necessidades dos discípulos, decidiu cuidar do problema, enrolou voluntariamente uma toalha em seu corpo, abaixou-se e limpou os pés deles. *A humildade é uma colaboração ativa* — A humildade não é uma resignação passiva. E não é fazer algo com uma atitude de quem foi mandado ou obrigado. Todas nós já vimos crianças que fazem o que lhes mandam, quer desejem quer não, mas elas, com certeza, demonstram seu desagrado! Isto é submissão sem humildade. Nossa humildade deve ser colaborar ativa e alegremente com outros para o bem do todo, usando trabalho em equipe para completar a tarefa e cuidar uns dos outros enquanto seguimos a orientação de Deus.

Avançando

Separe um minuto para pensar sobre a sua vida. Se você for como a maioria das mulheres, isto inclui:

- o lugar onde você vive;
- pessoas na sua família;
- uma lista comprida de coisas para fazer;
- amigos e vizinhos;
- algum tipo de emprego;
- uma igreja local.

Cada um desses detalhes diários é um estágio estabelecido por Deus para revestir-se com um coração humilde. Cada aspecto de sua vida e cada pessoa nela é uma oportunidade importante arranjada por Deus para cultivar a beleza da humildade em você. Siga, portanto, a Deus de todo o coração. Submeta-se a ele e a outros. Vista-se de humildade. Confie em Deus para o que ele deseja de você. Creia nele e viva ativamente seu plano para você. Não se arrependerá de forma alguma!

*Se você permitir que o orgulho entre em seu coração,
não pode esperar a bênção de Deus,
pois a sua prometida graça só é
concedida "aos humildes* [1]

15
Vendo a humildade em ação

*Sejam todos humildes uns para com os outros, porque
"Deus se opõe aos orgulhosos, mas
concede graça aos humildes".
Portanto, humilhem-se debaixo da poderosa mão de Deus,
para que ele os exalte no tempo devido.*
1Pedro 5.5,6 (NVI)

Meus sentimentos sobre viagem — especialmente viagens internacionais — são mistos. Jim e eu viajamos muito. E amamos nosso ministério para o povo de Deus no mundo inteiro. Toda vez que partimos em outra viagem de ministério (geralmente juntos), as bênçãos que recebemos dos santos superam quaisquer inconveniências pessoais e o cansaço que nos invade ao chegar. Nós dois dizemos rapidamente que algumas de nossas lembranças mais queridas vieram da interação com as pessoas que encontramos em nossas viagens.

Ao continuarmos nossa discussão sobre a humildade, minha mente volta a uma ocasião em que Jim e eu, e nossa família, estávamos morando em Cingapura como missionários. Jim estava ocupado com pastores e líderes de igreja em toda a ilha e voava regularmente para outros países da região para fazer esse mesmo trabalho. Eu, no entanto, não tinha qualquer área para o ministério. Orei: "Senhor, o que posso fazer?" Minhas filhas saíam cedo para a escola do outro lado da ilha, e, daí, todos os dias, ficava sozinha durante longas horas. Era muito ativa no ministério feminino em nossa igreja nos Estados Unidos e tinha grande quantidade de material para ensinar alguém... qualquer pessoa... mas não surgiam oportunidades. Fui finalmente convidada por três senhoras idosas para dar um estudo bíblico na casa de uma delas. Elas disseram que enviariam alguém para buscar-me, pois já não dirigiam. Para a minha surpresa, uma comprida limusine preta com um motorista uniformizado chegou e me transportou para uma cobertura no centro de Cingapura. O fato surpreendente dessa aventura não foi a limusine, nem o apartamento no décimo terceiro andar de uma das torres mais nobres da cidade, nem as peças de arte chinesa valiosíssimas, porcelanas, antiguidades e a mobília. Não foi também o fato dessas três senhoras serem casadas com três dos homens mais influentes e ricos do país. Não, a surpresa foi que aquelas mulheres se mostraram as mais graciosas e humildes alunas que já encontrei.

Depois de cada um de nossos encontros, enquanto o carro me levava das riquezas do que poderia ser comparado ao centro de Manhattan em Nova York em contraste com nosso pequeno bangalô missionário em um bairro residencial de classe média baixa, ficava extasiada com a simplicidade e pureza do amor que aquelas três mulheres tinham por Cristo. Seu amor a Deus e desejo de ser como Jesus se expressavam claramente em sua falta de vaidade, seu modo de falar gracioso e sua sincera humildade de coração.

Expressões de humildade

Você já ouviu a frase: "Não consigo ouvir você. Seus atos estão falando mais alto do que as sãs palavras"? Provérbios 4.23 diz: "Sobre tudo o que se deve guardar, guarda o coração, porque dele procedem as fontes da vida". Jesus disse: "Porque a boca fala do que está cheio o coração" (Mt 12.34). E isso é verdade! Não podemos ocultar o que está em nosso íntimo. Quem somos será eventualmente revelado em nossas palavras. Isto é ainda mais evidente quando se trata da atitude de humildade. Eu não sei sobre você, mas quero ser humilde e que venham a conhecer-me como uma pessoa humilde. Quero a qualidade doce e modesta que aquelas senhoras de alta classe possuíam.

Discutimos a humildade em capítulos anteriores, mas qual sua aparência na vida real? Como ela se expressa? Se a Bíblia está correta (e sabemos que está!), você e eu podemos aprender muito sobre a humildade ao examinar os personagens desse livro sagrado que a tinham... e, infelizmente, os que não a tinham. Com o que a humildade se parece de perto e pessoalmente?

A humildade segue os passos de Jesus

No livro de 1Pedro, o apóstolo começa uma discussão sobre o sofrimento — sofrimento por fazer o que é certo. Como exemplo para os leitores seguirem, Pedro aponta Jesus: "Cristo sofreu em vosso lugar, deixando-vos exemplo para seguirdes os seus passos" (2.21). O sofrimento é um meio de seguirmos os passos de nosso Senhor.

Aposto que você não gostou dessa notícia. Ninguém aprecia nem quer sentir dor e passar por dificuldades. Todavia, o sofrimento é um fato da vida e um dos meios mais seguros para desenvolver humildade. A maior parte do sofrimento não pode ser controlada. Ele vem de uma fonte externa, como uma doença, acidente, perdas ou alguém o infligindo a nós. Qual a resposta humilde quando você ou eu estamos em meio ao sofrimento ou envolvida em uma situação penosa, complexa?

Momento a momento, temos de responder humildemente à dor, ao tratamento injusto e às palavras rudes e mentirosas. Temos de continuar a recordar o exemplo de Jesus e confiar nele para termos forças para continuar quando sofremos por fazermos o que é certo.

Esta é uma passagem da Escritura que mostra como Jesus reagiu em suas horas de extremo sofrimento — quando ele enfrentou falsos acusadores, perseguidores, brutalidade e entregou sua vida sem pecado por você e por mim ao ser crucificado na cruz. Esta é uma passagem difícil de aceitar por causa da injustiça e da crueldade dirigidas ao puro, irrepreensível, perfeito e precioso Cordeiro de Deus, nosso Salvador, Jesus Cristo.

"Para isso vocês foram chamados, pois também Cristo sofreu no lugar de vocês, deixando-lhes exemplo, para que sigam os seus passos. 'Ele não cometeu pecado algum, e nenhum engano foi encontrado em sua boca.' Quando insultado, não revidava; quando sofria, não fazia ameaças, mas entregava-se àquele que julga com justiça. Ele mesmo levou em seu corpo os nossos pecados sobre o madeiro [...]; por suas feridas vocês foram curados" (1Pe 2.21-24; NVI).

Note os atos, respostas e palavras de alguém com humildade genuína, piedosa:

- Jesus demonstrou retidão — Ele "não cometeu pecado".
- Jesus falou a verdade — "nenhum engano foi encontrado em sua boca".
- Jesus respondeu apropriadamente — "Quando insultado, não revidava".
- Jesus reagiu positivamente — "quando sofria, não fazia ameaças".
- Jesus comportou-se com confiança — Ele "entregava-se àquele que julga com justiça".

Como Jesus, nosso brilhante exemplo de como enfrentar a injustiça e a perseguição, devemos continuar a nos entregar humilde e confiantemente ao Pai que julga com justiça. A vida não é um evento isolado. É uma variedade de incidentes tecidos juntos no correr dos dias. Momento a momento, temos de responder humildemente à dor, ao tratamento injusto e às palavras rudes e mentirosas. Temos de continuar a recordar o exemplo de Jesus e confiar nele para termos forças para continuar quando sofremos por fazermos o que é certo.

Você já percebeu que três das respostas humildes de Jesus em meio aos sofrimentos e problemas da vida tinham que ver com a boca? Assim... poderia ser bom não dizer *nada* a maior parte do tempo. Sim, há um tempo para falar — mas, ele não surge com muita frequência. Quando nos calarmos na maioria das questões, estaremos realmente a caminho de seguir a Deus de todo o nosso coração.

A humildade desenvolve um coração de servo

O apóstolo Paulo foi uma das figuras mais predominantes na formação da primeira igreja. Ele escreveu treze epístolas do Novo Testamento. Essas cartas, escritas a igrejas e a indivíduos, fornecem a estrutura para a nossa teologia cristã, nossas crenças básicas. Nessas cartas Paulo se refere várias vezes a si mesmo como "escravo em cadeias".[2]

Na época em que Paulo escreveu, o escravo em cadeias era o mais inferior dos servos. "Escravo em cadeias" era a designação para os escravos das galés, "escravos em cadeia de terceiro nível" para ser exato — aqueles que ficavam sob os remadores". O escravo não tinha o direito de exercer sua vontade. Não podia resistir a qualquer ordem. O trabalho do escravo era cumprir a vontade de outra pessoa.

Quando Paulo escreveu sobre si mesmo, ele decidiu descrever-se como um escravo em cadeias. Não é interessante? Assim como Paulo, devemos apropriar-nos da mentalidade de escravo quando se trata de seguir a Deus e servir a outros. Desenvolver e retratar essa atitude é uma decisão, uma escolha que fazemos. Temos de esforçar-nos para obter a mentalidade de um escravo ou servo.

Como escravas de Cristo, você e eu devemos crescer a ponto de desenvolver um coração de servo, para podermos responder a Deus com obediência instantânea.

A humildade possui um espírito de ajuda

Humildade é colaboração ativa, e não resignação passiva. A humildade arregaça as mangas e diz: "Onde posso ajudar? O que você quer que eu faça? Não importa se a tarefa é grande ou pequena. Estou aqui para ser útil!"

Você já concordou em ajudar alguém, sem ter realmente desejo de participar ativamente? Para a minha vergonha, sucumbi a essa atitude antes e, algumas vezes, tenho de lutar contra ela até hoje. Poderíamos chamá-la de "resignação ressentida". Eu estava me submetendo por fora, mas não havia humildade de coração, e, na verdade, dei bem pouca ajuda. Quando as pessoas fazem isto, elas esquecem que a humildade é colaboração ativa e se concentram em si mesmas, no que desejam ou não desejam fazer, que é o oposto da humildade. O orgulho mostra sua carranca. Considere estes exemplos.

A mulher "última palavra". Essa mulher sente necessidade de ter a última palavra. A ladainha dela é a seguinte: "Está bem. Eu faço. Porém, quando tal e tal coisa acontecer, lembre-se de que eu lhe disse". Essa mulher não está disposta a encorajar ou dar um impulso positivo quando você precisa dela, mas ela se sente completamente livre para dizer-lhe, depois do fato consumado, qual a decisão que você deveria ter tomado ou como deveria ter feito a tarefa em pauta.

A mulher "sabichona". Marta, conforme revelado em João 11.21-39, é um exemplo desse comportamento. Lázaro, seu irmão e amigo de Jesus, havia morrido. Vários dias depois de sua morte, Jesus chegou e Marta mostrou a sua atitude. Qualquer que fosse o caso, ela respondia: "Eu sei!"

- "Senhor, eu sei que se estivesses aqui meu irmão não teria morrido."
- "*Eu sei,* mesmo agora, que qualquer coisa que pedirdes a Deus, ele *concederá.*"
- "Declarou-lhe Jesus. Teu irmão há de ressurgir." Respondeu Marta: "*Eu sei* que ele há de ressurgir na ressurreição, no último dia".
"Disse-lh*e Jesus:* Eu sou a ressurreição e a vida... Crês nisso?"
"*Sim, S*enhor", respond*eu ela,* "eu creio". *Eu sei.*
- Mais tarde, quando Jesus *pediu q*ue a pedra na entrada do túmulo do irmão *dela fo*sse removida, Marta novamente *sabe tudo*! "Senhor, já cheira mal, pois já está morto há quatro dias."

Isso mesmo, Marta sabia tudo! Mesmo na presença de Cristo não conseguia manter-se calada. A pessoa sabichona gosta de interromper todo mundo a fim de corrigir ou informar melhor. Você conhece pessoas assim, não é mesmo? É ela que constantemente interrompe o marido ou os amigos com detalhes corretos, mas sem importância. "Não, Harry, não faz sete anos, faz seis anos." Eu sei... e você não sabe.

A mulher que "sobrepuja o dia dos outros". Ela diz: "Você acha que teve um dia terrível! Vou lhe contar o meu". O que ela está realmente dizendo é: "Não espere nada de mim hoje. Não espere minha ajuda no planejamento da próxima conferência feminina. Não espere uma refeição muito gostosa; ou, nem mesmo uma refeição feita por mim hoje. Não espere que arrume a cozinha... não espere... não espere... porque o meu dia — para não mencionar a minha vida! — é muito pior ou mais atribulada que a sua". Lucas 17, que chamo às vezes de "parábola da esposa e dona-de-casa" fala sobre a questão do "dia difícil":

Qual de vós, tendo um servo ocupado na lavoura ou em guardar o gado, lhe dirá quando ele voltar do campo: Vem já e põe-te à mesa? E que, antes, não lhe diga: Prepara-me a ceia, cinge-te e serve-me, enquanto eu como e bebo; depois, comerás tu e beberás? Porventura, terá de agradecer ao servo porque este fez o que lhe havia ordenado? Assim também vós, depois de haverdes feito quanto vos foi ordenado, dizei: Somos servos inúteis, porque fizemos apenas o que devíamos fazer (v. 7-10).

O ponto da parábola é que um servo não deveria esperar qualquer recompensa especial por fazer o que era seu dever. Toda mulher trabalha bastante. Esposas e mães dão acima e além do que pensam que podem dar. Assim também as mulheres que trabalham. É assim que a vida funciona. A mentalidade do tipo "você não compreende o meu dia difícil" deve ser extirpada e substituída por um espírito pronto a ajudar. A mentalidade do servo precisa tornar-se nossa natureza, nossa mentalidade, apesar de todos os "dias difíceis" que enfrentamos. Deus fica feliz e tem meios de nos conceder sua graça para nós à medida que nos humilhamos para servir os outros, mesmo depois de um dia estafante.

A mulher "questionadora". Essa mulher sente que é sua tarefa dada por Deus discutir tudo que lhe é pedido para fazer (e, para algumas esposas, isso ocorre especialmente se o pedido é feito pelo marido). *Você tem certeza? Você quer realmente que faça isso? Você pensa que isso é mesmo importante?* Cada resposta começa com uma pergunta. É claro que há oportunidades para fazer perguntas inteligentes a fim de compreender e esclarecer alguma coisa, mas essa mulher questiona tudo.

A mulher "relutante". Essa mulher é passiva. Ela diz que ajudará ou fará o que você pedir, mas intimamente ela resiste. A Escritura identifica dois tipos de comportamento relutante. O primeiro é claro, muito visível, é chamado de "rebelião". O outro é mais passivo, sutil, menos visível, mas tão desafiador quanto o primeiro. É chamado de "obstinação". Os dois tipos de comportamento são marcados e condenados por Deus como pecado, iniquidade e idolatria (1Sm 15.23). A maioria das mulheres cristãs não é culpada de rebelião aberta no lar, no trabalho ou na igreja. Mas a obstinação é bastante comum. Ela é vista nestas atitudes:

- *ressentimento passivo* — Fazemos, mas não concordamos;
- *apatia* — Fazemos, mas não nos preocupamos;
- *indiferença* — Podemos aceitar ou não;
- *desempenho inferior* — Fazemos, mas sem interesse e não muito bem.

A mulher relutante não chega a desempenhar totalmente seus deveres e responsabilidades. Ela diz que deseja ser uma trabalhadora responsável e boa esposa e mãe, uma gerente doméstica responsável, e útil a outros. Todavia, deixa continuamente a desejar. Dá desculpas ou culpa outros pela sua conduta. Torna-se inútil para outros e para Deus.

Avançando

As descrições da mulher arrogante não são bonitas, não é mesmo? Lamentavelmente, entretanto, caímos em uma dessas categorias. Com esse tipo de comportamento, realizamos pouco e não progredimos em nosso trabalho. Temos pouca utilidade para o Senhor e para a tarefa — a sua vontade — que ele nos chamou para fazer.

Há, no entanto, esperança, doce esperança! Pedro diz que se nós — e todos os cristãos — nos humilharmos, Deus nos dará a sua graça, seu favor, sua bênção, seu poder para fazermos e sermos tudo que ele planejou para nós. E isto inclui você! Deus quer que você tenha mais sucesso do que você mesma espera. Ele a salvou para servir a ele, a seu povo, e a outros, começando com sua família, sua famíla da igreja, e sua esfera de influência.

Sei que você está ansiosa para aprender como ser humilde e depois progredir na humildade. Estes são alguns meios de começar:

- Memorize 1Pedro 2.21-23. Você nunca mais será a mesma! Foi aqui que a humildade teve início para mim. Ficará muito mais preparada para reagir humildemente quando os desafios surgirem, se lembrará instantaneamente da maneira serena, humilde de Jesus lidar com o sofrimento e sua confiança inabalável no plano de Deus.
- Leia sobre a vida de Jesus regularmente. Fui avisada bem cedo em minha vida cristã a ler um capítulo em Mateus, Marcos, Lucas ou João por dia. Esse exercício leva cinco minutos no máximo e permite que você leia os evangelhos quatro vezes durante o ano. Você apreciará os atos de autêntica humildade enquanto se aproxima mais da vida de Jesus ao ler sua história na Bíblia dia após dia. Não há meio melhor de aprender sobre seu Salvador e sua humildade! Seu exemplo tornará mais fácil e mais natural para você seguir os passos humildes dele ao servir.
- Releia a seção neste capítulo sob o subtítulo "A humildade possui um espírito de ajuda". Ao pensar sobre as mulheres que deixam a desejar nos atos de humildade, avalie seu serviço, procurando sinais de comportamento deficiente. Arranque o egoísmo e o orgulho que causam esses comportamentos e confesse-os a Deus. Peça a ele que lhe dê maior desejo de ter "um espírito manso e tranquilo, que é de grande valor diante de Deus" (1Pe 3.4).
- Encontre uma mulher que esteja seguindo humildemente nos passos de Jesus. Observe-a. Estude seu comportamento. Passe o máximo de tempo que puder em sua presença.

Considere pedir-lhe que seja sua mentora. Você estará cumprindo as instruções de Deus em Tito 2.3-5 para aprender com uma mulher mais velha, mais amadurecida na fé, alguém que crê no plano de Deus e vive nele.

- Lembre-se da verdade e da promessa de 1Pedro 5.5 — "Deus resiste aos soberbos, contudo, aos humildes concede a sua graça". Por mais traumático, temível, penoso, ou difícil que seja o desafio à sua frente, Deus está do seu lado. *Se você responder humildemente, ele lhe dará a sua graça para suportar se puser nele sua confiança.* Os que são humildes recebem a graça de Deus. (Não esqueça o princípio oposto: os que discutem, resistem e mostram orgulho e irritação, perdem o auxílio da graça divina. Pior ainda, Deus se opõe aos orgulhosos e aos que não ouvem nem seguem a ele.)

*Aquele que já caiu não precisa temer a queda,
O que está por baixo não precisa temer o orgulho,
Quem é humilde sempre terá Deus como guia.*

John Bunyan

16
Palmilhando o caminho pouco transitado da humildade

> *Sede submissos [...] uns aos outros, cingi-vos todos de humildade, porque Deus resiste aos soberbos, contudo, aos humildes concede a sua graça. Humilhai-vos, portanto, sob a poderosa mão de Deus, para que ele, em tempo oportuno, vos exalte.*
> 1Pedro 5.5,6

Pedro, o homem que escreveu a passagem da Escritura citada, é famoso por pedir continuamente aos seus leitores para se "lembrarem". Isto talvez por nunca ter esquecido seus primeiros dias orgulhosos com Jesus. Pedro era um pescador impetuoso, forte e ousado. Com o tempo foi chamado pelos eruditos de "o apóstolo que fala o que não deve". Os pregadores acrescentam esse apelido ao nome de Pedro: "O impetuoso inconveniente". Foi Pedro quem pediu confiantemente a Jesus para ir até ele, quando o Senhor andou sobre a água... e, em seguida, depois de dar alguns passos, notou as ondas e afundou com medo. Foi Pedro quem declarou Jesus como o Cristo e, alguns minutos depois, o censurou por falar em sua morte. Foi Pedro quem orgulhosamente se gabou da sua disposição de ser preso ou de morrer por Jesus... algumas horas antes de negar conhecê-lo por três vezes.[1]

No final, pela graça de Deus, Pedro aprendeu a palmilhar o caminho menos transitado, a estrada inferior da humildade, o mais alto privilégio do ser humano. Nosso foco neste capítulo será esse nobre caminho inferior. Vamos seguir o conselho de Pedro por um momento e lembrar o que estivemos aprendendo sobre humildade e como tornar-nos mulheres humildes.

Até agora vimos como a humildade funciona na esfera horizontal — na esfera individual. Segundo 1Pedro 5.5,6, *todos os cristãos* devem em primeiro lugar e, principalmente, *ser submissos uns aos outros*. Ao contrário do que muitos pensam, ser submissa não é uma maldição direcionada às mulheres. Não, a submissão é um chamado divino e santo de Deus a *todos os cristãos* — homens e mulheres, solteiros e casados. Como grupo, todos os cristãos devem ser submissos uns aos outros e vestir-se com humildade e sem qualificação e sem perguntas. Não ficamos escolhendo a quem devemos e não devemos humildemente nos submeter. Em vez disso, devemos submeter-nos alegremente aos líderes do governo como autoridades, a um chefe no trabalho, aos líderes da igreja e, quando casadas, a nossos maridos. (Mas essa submissão não é unilateral.)

Para tornar a tarefa mais fácil, devemos examinar regularmente nosso armário e escolher em nossos guarda-roupas espirituais o traje da humildade. Devemos ter certeza de estarmos *vestidas com humildade*. Esta é uma escolha que fazemos de boa vontade e com alegria por causa do nosso desejo de seguir a Deus de todo o coração e obedecer aos seus mandamentos.

Conhecer mais sobre Deus promove a humildade

Muitos cristãos fogem de estudar teologia por pensarem que não é assim tão importante ou que ela acaba se atolando em doutrina. Contudo, o que sabemos sobre Deus determina como vivemos. Se não soubermos o caráter de Deus, como podemos viver de acordo com os seus preceitos?

Veja, por exemplo, uma pessoa que tenha compreensão incompleta e inexata da santidade de Deus. Ela vê seus atos morais como de pouca importância porque, em sua compreensão de Deus, posiciona-se de acordo com a média, isto é, de acordo com a maioria. No seu modo de pensar, ela não é pior do que qualquer indivíduo; portanto, Deus a compreenderá se ela incorrer em algumas extravagâncias, colocar-se em primeiro lugar certas vezes, envolver-se em alguma coisa não tão santa uma ou duas vezes. Porém, essa pessoa está perigosamente errada e será julgada por todas as suas ações (Rm 14.10-13).

A teologia correta é vital em *cada* aspecto de seguir a Deus com toda a nossa energia e viver o seu plano. Por que estamos examinando esse assunto? Porque nos versículos de 1Pedro 5 (retroceda ao início deste capítulo) há quatro fatos sobre Deus... quatro qualidades reveladas da sua natureza que nos informam sobre ele e direcionam nossa busca por uma vida de humildade.

Fato número 1: *Deus resiste aos soberbos.* A palavra "resiste" em grego é muito forte. Ela, na verdade, significa que Deus é contra os arrogantes, os altivos ou os orgulhosos. Este é um termo militar. Deus leva seu exército para lutar contra qualquer orgulho que venha a perceber. Isto é assustador! Portanto, cuidado. Deus observa seus atos e agirá de acordo com suas atitudes.

Jim e eu temos duas filhas, Katherine e Courtney. Quando elas tinham idade bastante para ajudar na casa, uma se tornou "a serva para o dia" nos dias pares, e a outra "a serva para o dia" nos dias ímpares do ano. Isto queria dizer que todos os dias uma delas era a "serva do dia" para a família. O serviço delas basicamente se limitava a ajudar-me a servir as refeições e guardar tudo depois de limpo. Se eu precisasse de qualquer ajuda especial, elas deveriam atender. Se Jim ou eu víssemos qualquer resistência para servir outros, rapidamente pedíamos que fizessem mais atos de serviço. Trabalhamos também na atitude delas até que o espírito de servo tornou-se uma segunda natureza.

É assim que penso a respeito desse fato sobre Deus. Ele resiste aos soberbos; portanto, está vigiando e procurando a apreciada virtude da humildade e submissão em nós. Quando vê algo de que não gosta ou nota que algo essencial está faltando, trabalha em nossa vida até que essa área seja aperfeiçoada. Você quer batalhar contra Deus nesse território? Mostre, então, orgulho e rebelião... e tome cuidado! Está destinada a perder. A impossibilidade de lutar contra Deus e vencer deveria ser uma forte motivação para ficar longe do orgulho.

Caso você não tenha certeza de que compreende a natureza do orgulho, permita-me descrevê-la para você de outra forma. "Orgulho" significa colocar-se acima de outros. A palavra indica literalmente "mostrar-se superior". A pessoa orgulhosa gosta de exibir-se, colocar-se acima de outros, agir melhor que os outros.

O supremo exemplo do orgulho é Satanás, mencionado como um dos querubins ungidos. Ezequiel 28.17 diz a respeito dele: "Elevou-se o teu coração por causa da tua formosura, corrompeste a tua sabedoria por causa do teu esplendor". O pecado do orgulho de Satanás significava que ele queria exaltar-se. No entanto, Deus deteve sua tentativa. Deus diz: "Lancei-te por terra, diante dos reis te pus, para que te contemplem". Deus age ativamente contra qualquer pessoa orgulhosa — até mesmo um ser angélico!

Fato número 2: *Deus dá graça ao humilde.* Agora uma palavra positiva de conforto. Deus nos diz para sermos submissas e humildes. Este é o nosso papel e nossa decisão. Quando o seguimos obedientemente, ele vigia nossa vida, derramando sua graça — seu favor — sobre nós, para que possamos lidar com toda e qualquer situação que tenhamos de enfrentar. Este é o papel de Deus e sua parte em ajudar-nos a viver a sua vontade.

Assim como é assustador defrontar-se com a insatisfação de Deus, é confortador pensar na plena medida da graça de Deus que nos é dada de acordo com a nossa humildade. Algumas vezes imaginamos o que acontecerá se fizermos o que nos é ordenado ou pedido, se nos humilharmos em uma situação. Deus promete que estará ao nosso lado até o fim. Ele nos dará graça "suficiente para tudo". Só temos de contemplar a promessa, e não ao pedido que nos tenta resistir, temer ou duvidar.

Eis um pensamento útil e pitoresco. Na antiguidade a palavra "humilde" era usada para descrever o rio Nilo no Egito quando o nível de água baixava. Os antigos diziam: "O Nilo está correndo com humildade (ou, está baixo)". Com isso queriam dizer que a água corria dentro das ribanceiras, a uma profundidade segura, calma, sem transbordar e alagar a terra circundante e causar destruição. A humildade é escolha nossa. Podemos decidir "correr baixo" ou elevar-nos acima de outros e exibir orgulho. Em qualquer dos casos colheremos os resultados de nossa decisão — orgulho e resistência por parte de Deus... ou humildade e graça da parte dele.

> *Algumas vezes imaginamos o que acontecerá se fizermos o que nos é ordenado ou pedido, se nos humilharmos em uma situação. Deus promete nos ajudar e nos dar a sua graça "suficiente para tudo".*

Fato número 3: *Deus exige submissão.* Jesus nos deu um princípio importante quando ensinou: "Ninguém pode servir a dois senhores; porque ou há de aborrecer-se de um e amar ao outro, ou se devotará a um e desprezará ao outro" (Mt 6.24). O orgulho e a humildade são senhores diferentes. O orgulho é pecado e segue o caminho de Satanás, enquanto a humildade — o plano e desejo de Deus para nós — segue o caminho de Deus.

Ao retroceder para um dos nossos versículos-tema, Pedro diz: "humilhai-vos sob a poderosa mão de Deus" (1Pe 5.6). Esta não é uma sugestão. Se você é um filho dele, seu Pai celestial lhe pede submissão e humildade. E isto não é algo penoso! Deus nunca nos pede nada maligno que não seja o melhor para nós. A submissão e a humildade são nossas respostas amorosas a um Deus de amor, gracioso e todo-poderoso.

Fato número 4: *Deus exalta os humildes*. O maior exemplo de humildade foi quando Jesus — Deus encarnado — deu voluntariamente sete passos e se humilhou, como notado em Filipenses 2.7,8:

- a si mesmo se esvaziou;
- tomou a forma de servo;
- veio à semelhança de homens;
- foi encontrado em aparência de homem;
- se humilhou;
- foi obediente... até a morte;
- foi obediente... até a morte na cruz.

Jesus é o supremo exemplo de humildade e também o maior exemplo da exaltação dos humildes por Deus, conforme revelado em Filipenses 2.9,10:

> Pelo que também Deus o exaltou sobremaneira e lhe deu o nome que está acima de todo nome, para que ao nome de Jesus se dobre todo joelho, nos céus, na terra e debaixo da terra.

Assim como o Pai exaltou Jesus, ele também deseja exaltar seus filhos obedientes. Jesus afirmou isto ao dizer: "Pois todo o que se exalta será humilhado; e o que se humilha será exaltado" (Lc 14.11). Quando podemos esperar que isso aconteça? Pedro tem a resposta: "em tempo oportuno" (1Pe 5.6). Em outras palavras, quando a nossa humildade é suficientemente grande para resistir ao orgulho da nossa exaltação.

Desse modo, se você deseja louvor, posição, poder ou popularidade, sua espera pode ser longa. Esqueça essas coisas. Em vez disso, aplique seu coração e energia servindo a Deus, a seu povo e à humanidade humildemente. Quando chegar a hora, e você estiver pronto, Deus fará o restante. Cabe a ele a exaltação, a honra, o livramento. No *tempo* dele, quando *decidir*, quando achar melhor — *ele* cuidará de tudo.

Tudo que você pensa que deixou de lado, sacrificou, aceitou ou sofreu, tudo que lhe foi negado ou que sofreu injustamente, ele cuidará gloriosamente de tudo... no tempo certo.

Ele levantará você, corrigirá as coisas e tornará a verdade conhecida. Ele se agrada em isentar seus servos, em justificar seus seguidores justos.

Espere então, cara amiga! A humildade sincera capacita você a ser paciente. Por quê? Porque está satisfeita. Não precisa de recompensas imediatas. E se as recompensas vierem nesta vida? E daí? Sem problemas. Esta não é a nossa motivação. Não importa o que aconteça ou não aconteça aqui na terra, exaltação sem medida estará esperando por nós na vida futura, quando reinarmos com Jesus por toda a eternidade (Ef 6.7,8; Cl 3.23,24).

Caminhando na direção da humildade

Há alguns anos dei um estudo bíblico a universitárias. Uma delas veio falar comigo depois de uma de nossas sessões e disparou: "Oh, sra. George, sou tão orgulhosa que mal posso aguentar a mim mesma. Como ser humilde?"

Fiquei estarrecida. Primeiro, a sinceridade dela era incomum e revigorante. Porém, em seguida tive de admitir que eu, com todas as demais pessoas, luto contra recaídas no orgulho. Quem era eu para dizer a outrem como ser humilde, quando não tinha tanta certeza de saber isso? Como você responderia a essa universitária? Fiz uma tentativa e enquanto compartilho com você a minha resposta, mas, por favor, compreenda que essas sugestões também se aplicam a mim.

Consulte a Escritura. Leia e estude a humildade dos grandes homens e mulheres da Bíblia.

- Moisés foi chamado por Deus de o homem mais manso e humilde da terra.
- José começou como um jovenzinho orgulhoso, mas, mais tarde, tornou-se um servo humilde que veio a ser favorecido por Deus.
- Davi, nos seus primeiros dias, considerava-se completamente indigno.
- Salomão humilhou-se bem cedo na vida e pediu a Deus sabedoria para reinar sabiamente.
- Daniel humilhou-se em oração quando ainda adolescente.
- Maria, a mãe de Jesus, referiu-se humildemente a si mesma como necessitada de salvação.
- Paulo referiu-se a si mesmo como "o principal dos pecadores".

Dê um passo a mais ao ler a Bíblia. Sempre que Deus abrir seus olhos e coração por meio de passagens sobre humildade e instantâneos daqueles que demonstraram um coração humilde, tome nota. Comece com uma página de um caderno de notas — ou uma seção em seu diário. Dê-lhe o título de "Humildade" e registre os casos que descobrir. Note o que aconteceu, como a humildade foi demonstrada e quais os resultados. Você nunca mais será a mesma depois desse tipo de estudo.

Ore. Quando você orar, lembre-se de que não está orando necessariamente por humildade. Todavia, mediante sua oração, você exibe um espírito dependente, fundamental no processo de "ser humilde". Você não pode louvar e adorar a Deus em oração sem ter consciência da sua insignificância. Você não pode confessar o pecado dia após dia, oração após oração, sem compreender a sua necessidade de perdão, o que a leva a ser humilde. Você não pode pedir regularmente a Deus, o Criador e Sustentador de todas as coisas, para agir em sua vida e na daqueles a quem ama sem que sejam humilhados. Quando faz essas coisas, está reconhecendo que Deus e só Deus é o único que pode agir em relação ao seu pedido e ajudá-la. A oração diminui o orgulho. Os que não oram ou não querem orar são geralmente orgulhosos. A coisa é simples assim.

Passe tempo com pessoas humildes. Procure ao seu redor e descubra os que considera mansos e humildes de coração. Aprenda com essas pessoas, disse Paulo, "as más conversações corrompem os bons costumes" (1Co 15.33). No entanto, o oposto é também verdade. O povo de Deus promove bons hábitos, incluindo a humildade. E como você reconhece os que são humildes? Procure o fruto espiritual. Os ramos que produzem mais fruto são os mais baixos.

Sempre siga pela estrada em posição inferior. Quando tiver escolha, procure uma que não chame atenção — a estrada menos transitada. Prefira não ficar na frente. Não deseje destacar-se. Não seja sempre a pessoa que se levanta e compartilha um pedido de oração ou louvor. Memorize a oração sincera de João Wesley: "Oh, tenha cuidado! Não procure ser alguém! Permita que eu seja nada e Cristo seja tudo". Jesus contou uma maravilhosa parábola sobre a humildade:

> Quando por alguém fores convidado para um casamento, não procures o primeiro lugar; para não suceder que, havendo um convidado mais digno do que tu, vindo aquele que te convidou e também a ele, te diga: Dá o lugar a este. Então, irás, envergonhado, ocupar o último lugar. Ao contrário, quando fores convidado, vai tomar o último lugar; para que, quando vier o que te convidou, te diga: Amigo, senta-te mais para cima. Ser-te-á isto uma honra diante de todos os mais convivas. Pois todo o que se exalta será humilhado; e o que se humilha será exaltado (Lc 14.8-11).

Desde que aprendi sobre a estrada que não chama tanto a atenção e observei isso em outros, fiquei desejosa de manter-me na sombra.

Tenho um ministério de conferências; todavia, nunca desejei ser o "porta-voz de Deus". Sou atraída pelas mulheres que ficaram ao pé da cruz quando Jesus foi crucificado. O serviço delas era silencioso, permanecendo depois do fato, cuidando silenciosamente de tudo, trabalhando na privacidade de suas casas em preparação para cuidar do corpo de Jesus ao alvorecer do terceiro dia. Se Deus não as designasse, nunca saberíamos quem eram. Deus, porém, as exaltou para sempre em sua palavra. Essas mulheres escolheram não chamar atenção e ofereceram um modelo de humildade para nossa conduta.

Sirva a cada pessoa que encontrar. Procure servir a cada pessoa que Deus colocar em seu caminho. Pergunte: "Como posso servir a esses indivíduos que Deus introduziu em minha vida?" Se for apropriado, toque-os com carinho. Pergunte como estão e se pode fazer algo por eles. Talvez possa orar a seu favor. Ou, quem sabe, precisem de algo que você pode providenciar.

Encontre os necessitados. Tive uma amiga que sempre que ia a um evento "procurava a mulher que estava completamente sozinha". Ela procurava ativamente pela mulher que parecia infeliz. A mulher que não tinha com quem se sentar. A mulher com uma fisionomia triste. A que parecia perdida ou talvez se encontrasse em uma situação nova para ela.

Certo dia na igreja, notei uma jovem chorando em um canto. Aproximei-me dela e perguntei se poderia ajudar de alguma forma. Ela contou o seu problema, foi apresentada ao seu Messias, aquele que os judeus ainda esperam, e, mais tarde, tornou-se uma missionária dinâmica para Cristo na comunidade judaica. Encontrar os perdidos e oferecer ajuda é dar um passo de humildade. Jesus disse:

> Quando deres um jantar ou uma ceia, não convides os teus amigos, nem teus irmãos, nem teus parentes, nem vizinhos ricos; para

não suceder que eles, por sua vez, te convidem e sejas recompensado. Antes, ao dares um banquete, convida os pobres, os aleijados, os coxos e os cegos; e serás bem-aventurado, pelo fato de não terem eles com que recompensar-te; a tua recompensa, porém, tu a receberás na ressurreição dos justos (Lc 14.12-14).

É realmente mais fácil e seguro permanecer no que é familiar — seus amigos, sua seção da igreja, sua fila, sua turma do café — do que aventurar-se sozinha e correr o risco de abordar uma pessoa desconhecida. No entanto, você raramente encontrará os necessitados em seu apertado círculo de amigos.

Recuse-se a falar sobre si mesma. Da próxima vez que sair de uma reunião ou passar tempo com outra pessoa, pergunte: "Qual foi o foco de nossa conversa?" Posso dar-lhe uma sugestão: se falou sobre si mesma, você foi o foco! Decida que na sua próxima conversa você se concentrará na outra pessoa. Faça perguntas sobre ela ou ele. A humildade sempre faz o foco voltar-se para a outra pessoa. Se quiser aprofundar isso mais um pouco, limite suas palavras. Ouça e digira a conversa da outra pessoa. Balance várias vezes a cabeça para que ela saiba que você está interessada. Lembre-se, há mais instrução na Escritura sobre falar pouco ou nada que sobre apenas falar. "Até o tolo quando se cala será reputado por sábio, e o que cerrar os seus lábios por entendido" (Pv 17.28, ARC).

Destaque ativamente outras pessoas. O louvor é sempre apropriado. Você pode facilmente encontrar algo digno de louvor sobre outros se procurar por isso. Louve as pessoas verbalmente, pelo nome e de forma direta, e para os outros também. Dê posições de honra e responsabilidade a outros. Se houver uma oportunidade, pense: *Haverá alguém a quem eu possa dar essa oportunidade?* Ou, ao dar crédito: *Há alguém a quem eu possa dar crédito por essa coisa tão boa que aconteceu?*

Avançando

Até este ponto estivemos estudando as qualidades que Deus deseja em suas mulheres, especialmente as que nos preparam para seguir a ele e ao seu povo. Nós nos especializamos na busca de força para enfrentar os desafios que Deus nos faz, para cumprir nossos papéis e para completar nossas tarefas com sucesso.

Quando se trata de ser uma *mulher humilde*, você deve passar dos atos às atitudes. A humildade é uma *atitude* mental e do coração. Você não pode acionar a humildade nem fingi-la. É preciso abraçá-la e tornar-se humilde. Permita que a realidade bíblica da humildade se torne uma reação inconsciente em sua vida. Paulo disse, "Tende em vós o mesmo sentimento [sentimento de humildade] que houve também em Cristo" (Fp 2.5).

Se quiser seguir a Deus de todo o coração — e sei que quer — avance, portanto, no caminho da humildade. A humildade é a estrada mais difícil — talvez a mais difícil das estradas — mas, é a estrada certa... a estrada de Deus.

Que Deus possa lhe dar a sua graça enquanto você viaja por esse caminho — menos transitado, mas mais honrado — que segue os passos dele.

Seção 5

Tornando-se uma mulher contente

O S*enhor* é a minha luz e a minha salvação;
de quem terei medo?
O S*enhor* é a fortaleza da minha vida;
a quem temerei?

S*almos* 27.1

17

Procurando o contentamento em todos os lugares errados

> O Senhor Deus é sol e escudo; o Senhor concede favor e honra; não recusa nenhum bem aos que vivem com integridade.
> Salmos 84.11 (NVI)

"Atravessando o rio e a floresta, para a casa da vovó nós vamos", era uma canção de ação de graças escrita em 1844 para comemorar as lembranças de Lydia Maria Child ao visitar a casa de seus avós. Essa linda música festiva apareceu originalmente como uma poesia em *Flowers for Children (Vol. 2)* [*Flores para as crianças*]. Hoje ela parece pertencer definitivamente a uma era diferente... mas boa!

Minha família passava muitas horas e dias cantando enquanto viajávamos da Califórnia até Oklahoma para visitar nossos avós. Em nossos dias, porém, cantar enquanto viajamos com a família para algum lugar foi substituído por aparelhos de DVD, *iPods* e fones de ouvido para cada criança, assim como um tocador de CD para os pais. Os tempos mudaram, mas o princípio continua o mesmo — música ou alguma forma de entretenimento torna a viagem mais fácil. Os pais de hoje não têm de responder à enxurrada de perguntas, quase sempre a mesma: "Já estamos chegando?", com tanta frequência. Certamente uma bênção.

Viajando para o templo de Deus

O salmista que, no salmo 84.11, escreveu: "O Senhor Deus é sol e escudo; o Senhor concede favor e honra; não recusa nenhum bem aos que vivem com integridade", estava também em uma viagem, mas não para a casa da avó. Ele se dirigia para a casa de Deus, o Templo do Senhor. Muitos anos antes, quando Deus deu sua lei a Moisés no alto do monte Sinai, Deus ordenou que o seu povo — os israelitas — fizesse visitas anuais à casa de Deus.

Essas visitas assegurariam a renovação da fé e contato contínuo com a lei. Muitos "salmos" ou canções foram escritos sobre as peregrinações enquanto o povo jornadeava a pé pelo deserto para chegar ao templo em Jerusalém. No salmo 84, a viagem está quase terminando. Quando o salmista se aproxima do templo, ele expressa entusiasmo, gratidão, paz e contentamento.

O versículo 11 tem sido de grande ajuda para mim. É o meu "versículo do contentamento" ou meu "versículo que serve para todos os momentos". Memorizei esse versículo e o repeti vezes sem conta no passar dos anos. Espero que você também deseje memorizá-lo e fazer uso dele em períodos de preocupação, inquietação ou insatisfação.

Procurando uma mulher contente

Certa vez, quando eu estava ouvindo um CD de ensino por um pastor, ele perguntou brincando à congregação, especialmente aos homens: "Você, alguma vez, já encontrou uma mulher contente?" (A resposta? Risos intencionais e risadinhas de homens e mulheres.) É triste, mas a pergunta é um comentário verdadeiro sobre muitas mulheres, mesmo as que são cristãs. O materialismo semeado hoje acaba por cultivar sementes de insatisfação. Quanto mais temos, tanto mais desejamos. Parecemos nunca estarmos satisfeitas. Alugamos locais para as coisas velhas, para podermos sair e comprar mais. Na cultura "verde" de hoje, contentar-se com menos é um tema ecologicamente importante — mas, é ainda mais importante de uma perspectiva espiritual. Vamos, portanto, entender melhor o que está envolvido no "contentamento" e como ele concorre no ato de seguir a Deus de todo o coração.

Como o dicionário define o "contentamento"? Parafraseando, é "ter seus desejos limitados ao que possui". Enrolamos nossos desejos e os limitamos a aceitar o que já possuímos. Um sinônimo de contentamento é "satisfação". Outro é "concordar". E podemos esticar o último sinônimo para "concordar com Deus" — concordar com Deus de que tudo que temos é tudo que necessitamos. Isto é contentamento!

Uma mulher contente não se preocupa, não se aflige, não se agita com o que não tem, com o que acha que precisa ou o que deseja. Em vez disso, ela fica tranquila com seu Deus e suas circunstâncias. Por quê? Porque tudo que ela precisa é tudo que Deus é e tudo que ele já lhe deu!

Os opostos do contentamento

Certas vezes aprendemos mais sobre algo quando estudamos os opostos. A lista que se segue revela homens e mulheres que foram abençoados... mas queriam mais. Eles procuravam satisfação em todos os lugares errados. E o seu descontentamento teve graves consequências para eles e para outros.

Arão e Miriã, irmão e irmã de Moisés. Moisés gozava de um relacionamento privilegiado com Deus. A ponto de Deus falar com ele face a face e não por meio de sonhos e visões como fazia com outros. Arão e Miriã não estavam felizes com seus cargos elevados como sumo sacerdote e líder das mulheres. Não, eles queriam o lugar de Moisés e o favor de Deus. O que aconteceu então? Uma revelação dos fatos! Deus fez os três irmãos comparecerem diante dele e condenou Arão e Miriã por falarem contra o seu servo Moisés (Nm 12.4-15). Quando Deus os deixou, Miriã estava leprosa.

Mesmo depois de Moisés intervir a favor da irmã mediante oração a Deus, ela permaneceu leprosa durante sete dias. A inveja custou a esses dois grandes líderes muita vergonha (v. 11). Embora admirável em seu serviço até aquele momento, nada mais é dito sobre Miriã na Bíblia até a sua morte.

Acã, soldado no exército de Josué. Josué colocou uma maldição sobre todos os bens em Jericó. De maneira tradicional, o exército vencedor se apropria dos despojos da guerra. Todavia, antes da batalha de Jericó, Josué proibiu estritamente que o povo se apossasse de qualquer despojo. Em vez disso, todos os bens deviam ser oferecidos a Deus (Js 6.18,19). Acã, porém, não ficou satisfeito só com a vitória. Ele escondeu alguns dos objetos proibidos em sua tenda, a fim de ficar com eles. Sua cobiça lhe custou a vida quando foi descoberto... e também a vida de seus filhos e rebanho... e 36 outros homens que morreram por causa do pecado de Acã (Js 7.5, 11,12, 24,25).

Davi, o rei de Israel, foi um rei extremamente bem-sucedido. Ele conquistou muitas terras e povos, construiu casas esplêndidas e teve várias mulheres. Todavia, mesmo com tudo isso, não se contentou. Certa noite, viu uma linda mulher chamada Bate-Seba tomando banho em um telhado abaixo de seu palácio. Perguntou sobre ela, fez que a levassem a ele e depois cometeu adultério com essa mulher. Davi não só violou Bate-Seba, mas pecou gravemente contra Deus. As consequências? Seu reino, começando com sua própria família, esteve sempre com problemas pelo restante do seu reinado (2Sm 11—12).

Líderes persas. Daniel, um israelita, e alguns persas eram líderes no governo de Dario, rei da Medo-Pérsia. Por causa do favor de Deus, Daniel se distinguiu. Em lugar de aceitarem o engrandecimento de Daniel, os insatisfeitos oficiais procuraram um meio de rebaixá-lo. Você provavelmente conhece a história. Daniel foi acusado de orar a Deus em lugar de ao rei. O jovem hebreu foi atirado na cova dos leões... onde Deus milagrosamente fechou a boca dos animais e salvou a vida de Daniel. Quando a trama foi descoberta, todos os líderes persas foram atirados na cova dos leões e comidos. A frustração e descontentamento deles resultaram na perda de suas vidas (Dn 6).

Resolvendo a questão do descontentamento

Certamente, não quero ter de enfrentar quebra de relacionamentos familiares, lepra, tumulto nem morte por leões por falta de contentamento. Estou certa de que você também não deseja isso! Portanto, como você e eu podemos tornar-nos mulheres que limitam seus desejos ao que possuímos? Quem está satisfeito com a vida como ela é, compreendendo que tudo vem da mão de Deus? Quem concorda com ele que temos tudo que precisamos? Como podemos deixar de nos preocupar, de nos afligir com as coisas da vida — coisas que temos, as que não temos e desejamos? Como podemos ficar profundamente alegres, acreditando que não existem necessidades não satisfeitas na economia de Deus?

Lutei contra essas questões durante vários anos depois que Jim demitiu-se de seu maravilhoso e bem pago emprego corporativo para frequentar o seminário e preparar-se para uma vida de ministério. Veja bem, finalmente tínhamos conseguido. Tínhamos uma boa casa, bons carros e uma boa renda. Jim estava rotineiramente sendo promovido, e a vida parecia cor-de-rosa do ponto de vista materialista. Mas louvado seja Deus, conhecemos Jesus! Como foram maravilhosos os dias em que começamos a mudar em nosso coração e em nossa família. Amor, alegria e paz reinavam em tudo. No entanto, outra coisa também mudou. Quando Jim saiu do emprego para seguir a orientação de Deus, vendemos nossa bonita casa e um dos carros para cobrir as despesas de seu curso e mudamos para uma casa bem pequena, praticamente do tamanho da garagem da que tínhamos antes.

Não me arrependi... nem me arrependo... das decisões que tomamos naquela época. Todavia, isto não me impediu de olhar ocasionalmente para trás, pensando no que tínhamos deixado e tornando-me um tanto inquieta (e, em alguns dias, um tanto ressentida) com tudo do que havia desistido... e com um leve medo do futuro.

Lembro-me de ter sentado em um seminário para o grupo de esposas e ouvido a esposa sábia e experimentada do pastor dizer: "Como mulheres de pastor, vocês nunca terão provavelmente tanto dinheiro quanto as pessoas em sua congregação; portanto, resolvam isso agora". Como eu precisava ouvir isso... e aceitar.

Outra coisa que fiz e não deveria ter feito foi olhar desejosa para a vida de minha vizinha. O marido dela saía para o trabalho às 7h55 e voltava exatamente às 5h05, e isso cinco dias por semana. O meu Jim saía para o seminário às 5h, depois ia para a igreja e trabalhava depois das aulas. A seguir participava de visitas pastorais até às 9 ou 10 horas da noite... e tinha mais dois empregos nos fins de semana. Houve alguns dias e noites longos e escuros para mim.

Dobrando a esquina para o contentamento

Deus, no entanto, foi fiel como sempre. Ele veio ajudar-me e respondeu ao meu coração cheio de dúvidas com o livro de Salmos 84.11: "O SENHOR Deus é sol e escudo; o SENHOR concede favor e honra; não recusa nenhum bem aos que vivem com integridade". Esse versículo é precioso e inestimável! Ele revela provisões de Deus que me deram grande paz e contentamento há vários anos e continuam a ministrar para mim a cada dia e todos os dias. Esse versículo me ajudou a aparar uma aresta importante em meu modo de pensar e em meu coração. Ele contém cinco razões para você e eu ficarmos contentes. Aqui estão duas delas, com outras para chegar... portanto, permaneça sintonizada!

Razão número 1 — Deus é sol. Qualquer curso sobre como estudar a Bíblia lhe dirá que o número de vezes em que uma palavra ou frase é usada tem importância. Quando uma delas é empregada apenas uma vez ou duas, a importância é ainda *maior.* *"Porque o Senhor Deus é sol"* é empregado apenas uma vez na Bíblia inteira — e encontra-se exatamente aqui no salmo 84. Se eu lhe perguntasse o que o sol significa para você ou pedisse para listar todas as coisas que o sol é e faz, suas respostas poderiam variar do campo científico para o espiritual. O sol significa tudo para o nosso planeta. Toda provisão de alimento, vida e energia é um resultado direto do sol, que resulta do poder criativo de Deus.

Depois de me mudar para Seattle (após morar quinze anos na ensolarada Califórnia do Sul), aprendi a apreciar ainda mais o sol. A névoa sempre presente no noroeste do Pacífico é perfeita para uma equipe marido/mulher escritores. Contudo, se não tivermos cuidado podemos ter um dia depressivo (ou dois!) por não ver o sol durante vários dias... e até meses.

Agradeço, no entanto, a Deus porque mesmo quando não temos o sol físico, temos o Senhor Deus como sol! Estes são alguns dos benefícios do sol físico e como Deus, no papel de seu sol, provê para você espiritualmente:

- O sol traz alegria, calor e energia. O salmo 30.5 diz: "Ao anoitecer pode vir o choro, mas a alegria vem pela manhã". Como o sol, a presença do Senhor em sua vida traz grande alegria.
- O sol traz rotina. Você pode acertar seu relógio pelo nascer do sol. Pode depender também de Deus, que é o mesmo ontem, hoje e amanhã (Hb 13.8).
- O sol traz luz para guiar você. Davi disse, "Tu, Senhor, és a minha lâmpada; o Senhor derrama luz nas minhas trevas" (2Sm 22.29). Mesmo no escuro, você tem a glória do Senhor para iluminar o seu caminho.

- O sol traz alívio da escuridão. As trevas dão medo. Elas angustiam muitos que temem o escuro, o invisível e o desconhecido. O salmista diz: "Se eu digo, as trevas, com efeito, me encobrirão, e a luz ao redor de mim se fará noite, até as próprias trevas não te serão escuras; as trevas e a luz são a mesma coisa [...] no teu livro foram escritos todos os meus dias, cada um deles escrito e determinado, quando nem um deles havia ainda" (Sl 139.11,12,16).
- O sol traz cura. Antes da era dos medicamentos milagrosos, minha mãe levou meu irmão mais velho para o Estado ensolarado do Arizona por seis meses, porque ele estava gravemente enfermo com pneumonia. Malaquias 4.2 diz: "Nascerá o sol da justiça, trazendo salvação nas suas asas". O sol não promove só a cura física, mas há cura espiritual na justiça do Messias.
- O sol traz bem-estar emocional. Os Estados com um clima anuviado, cinzento, úmido, têm um elevado índice de suicídios. É por isso que tantos que vivem nesses Estados precisam ir para climas mais quentes e secos para temporadas de sol. No salmo 30.11, ficamos sabendo que, com sol ou sem sol, Deus pode transformar sua tristeza em alegria. "Converteste o meu pranto em folguedos; tiraste o meu pano de saco e me cingiste de alegria".

> *Deus é perfeitamente capaz de satisfazer as suas necessidades, sejam elas físicas, espirituais, emocionais, mentais, financeiras ou sociais.*

Desde que o sol físico é assim importante, e Deus fez o sol, então ele é 100% perfeitamente capaz de satisfazer suas necessidades, independentemente de quais sejam elas — físicas, espirituais, emocionais, mentais, financeiras ou sociais.

Você sabe agora porque o salmista que escreveu o salmo 84 estava tão contente enquanto caminhava para Jerusalém. Estava pensando em Deus. Louvando a Deus. Adorando a Deus. Assim, da próxima vez em que estiver se sentindo um pouco inquieta sobre as suas limitações, sobre o que não tem ou sobre o que pensa que deveria ter, olhe para o sol. Depois olhe para o Deus que fez o sol e lembre-se da sua ilimitada provisão para cada uma de suas necessidades.

Razão número 2 — Deus é um escudo. O salmista que escreveu o salmo 84 é um civil. Ele não é um soldado, mas sabia muito bem o que um escudo podia fazer em termos de proteção e segurança na salvação de vidas. Enquanto continua em sua peregrinação para o templo do Senhor, ele está pensando sobre a defesa amorosa de Deus contra todos os perigos que poderiam atingi-lo em uma viagem tão longa. "O Senhor Deus é sol *e escudo*". Se o Senhor como nosso sol nos dá encorajamento, então Deus como nosso escudo nos dá confiança para as batalhas da vida:

- o escudo era a principal arma defensiva do guerreiro; era o seu maior protetor na batalha;
- o escudo dava ao guerreiro confiança ao entrar no combate;
- o escudo lhe dava poder para opor-se ao inimigo;
- o escudo dava a ele confiança de que venceria os adversários;
- o escudo o libertava de seu inimigo;
- o escudo dava ao guerreiro vitória sobre o medo;
- o escudo lhe dava proteção contra os dardos incendiários;
- o escudo lhe dava cobertura contra o sol escaldante.

Como é maravilhoso saber que Deus é seu escudo! Você não pode vê-lo, mas isto não significa que ele não está defendendo você. É exatamente isto que o livro de Salmos 84.11 diz! Quando você precisa de um escudo? Resposta: nas horas de perigo. E você pode contar com a proteção de Deus. Assim como o sol faz desaparecer o medo quando você não pode enxergar o que está à frente no escuro, o escudo cuida da realidade, do que está realmente aqui.

Existem mais alguns versículos que falam de Deus como um escudo. Todos, menos o último, foram escritos por Davi, um poderoso guerreiro com grande conhecimento de escudos e de batalhas. Ele tinha o próprio escudo. Estou certa de que ele também sabia que Deus era sua suprema proteção.

- "Ele é escudo para todos os que nele se refugiam [...]. Também me deste o escudo do teu salvamento" (2Sm 22.31,36).
- "Pois tu, Senhor, abençoas o justo e, como escudo, o cercas da tua benevolência" (Sl 5.12).
- "Ele [...] é escudo para os que caminham na sinceridade" (Pv 2.7).

Vamos resumir os dois primeiros aspectos da provisão de Deus contida no salmo 84.11: "Deus é sol e escudo". Nosso peregrino salmista precisava de ambos os elementos da ajuda de Deus... assim como você. Da mesma forma que o sol aquecia do frio os que estavam em sua jornada santa, Deus oferece o calor da sua presença para encorajar você quando as coisas começam a ficar difíceis. Assim como escudos eram necessários para a proteção, a fim de que nenhum inimigo pudesse armar ciladas para os fiéis de Deus a caminho da adoração em Jerusalém, Deus é igualmente sua proteção contra os inimigos que surgem em sua vida. O salmista tinha tudo que precisava para uma viagem bem-sucedida... e você também.

Durante um período de reflexão e agradecimento, por que não agradecer a Deus por ser seu sol brilhante e escudo sempre presente? Esta é uma oração poderosa:

Alumia a nossa escuridão, te rogamos, ó Senhor; e pela tua grande misericórdia defende-nos de todos os riscos e perigos desta noite.[1]

Avançando

Não é realmente maravilhoso ser uma filha de Deus e ter certeza de que Deus é seu sol? Ter confiança de que Deus é seu escudo, seu protetor? Faça uma pausa agora e fale com Deus.

- *Separe um tempo* para agradecer a Deus por já ter suprido todas as suas necessidades para o seu bem-estar atual.
- *Separe um momento* para refletir sobre a importância do sol físico para a sua existência. Depois reflita sobre a importância de Deus na sua vida. Um deles afeta você fisicamente e só durante esta vida. Seu relacionamento com Deus, porém, é para a eternidade. Se você pensa que sua necessidade do sol físico é importante, avalie sua necessidade do Deus eterno que fez o sol. Ele enviou seu Filho — o Filho da justiça — para que você possa ter uma comunhão eterna com ele (Jo 3.16).
- *Tome uma atitude* com relação ao que você já sabe agora sobre a provisão de Deus como sol e como escudo. Fique satisfeita com a provisão ilimitada do sol e a proteção firme do escudo. Não se desgaste lutando contra as "coisas" da vida, pois você possui algo muito maior que não se desvanecerá nem desaparecerá. Você pode deixar de procurar satisfação em todos os lugares errados porque conhece agora o lugar certo — Deus!

*É para Deus que vamos e com quem viajamos.
Apesar de ele ser o final da nossa jornada,
ele está também em cada local em que nos detemos.*

Elizabeth Elliot

18
Vivendo com graça e glória

Porque o S<small>ENHOR</small> Deus é sol e escudo;
O S<small>ENHOR</small> dá graça e glória
Nenhum bem sonega aos que andam retamente.
S<small>ALMOS</small> 84.11

Certa tarde, quando morávamos na Califórnia, meu marido e eu estávamos indo para casa e o *pager* de Jim tocou. Ele olhou o mostrador, sorriu como só um pai pode sorrir quando sua filha telefona e exclamou: "É a Katherine!" Por já estarmos bem perto de casa, Jim não respondeu ao telefonema. Três minutos depois desse telefonema chegamos em casa, e havia carros de polícia por toda parte! Todas as luzes estavam acesas; e todos os vizinhos, reunidos do lado de fora.

Quando ouvimos a história, soubemos que Katherine havia voltado do trabalho, fora para o banheiro e, quando saiu, havia um homem no corredor! Ele imediatamente se pôs na defensiva, perguntando: "Você é ladra? Alguém está roubando a casa. Você está roubando esta casa?"

"Não, não estou roubando esta casa. Eu moro aqui!", respondeu minha filha.

O homem esperto disse a seguir: "Vou perseguir os ladrões que estão roubando sua casa! Dê-me depressa seu número de telefone e, quando eu os apanhar, chamo você e trago tudo de volta". Ela deu a ele o número de nosso telefone, e o homem se foi.

Katherine, a seguir, percebeu que a porta dos fundos não se achava no lugar. Três homens haviam evidentemente removido a porta para poderem trabalhar mais depressa. Eles estavam levando as coisas pela porta aberta e voltando para nova investida quando Katherine entrou pela porta da frente. Nesse momento os dois primeiros saíram correndo, deixando o terceiro para trás. Os três homens, no entanto, conseguiram fugir.

Não preciso dizer que depois desse episódio com os ladrões, passamos muito tempo de joelhos agradecendo a Deus por ter protegido Katherine durante essa provação. Dizemos sempre a nossa filha: "Você já pensou no que poderia ter acontecido? Tem consciência da proteção de Deus? Não é ótimo que você nunca fique fora das vistas dele?" Até hoje agradecemos a Deus pelo seu escudo divino de proteção sobre nossa filha naquele dia terrível.

O que essa experiência ressaltou para a nossa família é que contentamento é mais do que possuir bens. Contentamento é mais do que temos ou não temos. Ele abrange o que experimentamos e não experimentamos. Como família, aprendemos o que significa ficar contente mesmo conhecendo os perigos de viver em Los Angeles. O roubo foi um acontecimento traumático que poderia ter sido bem pior — até uma tragédia. No entanto, mesmo assim a lição seria a mesma: contentamento significa viver em um mundo hostil com a segurança tranquila de que Deus é verdadeiramente nosso sol e nosso escudo.

Contentamento significa viver em um mundo hostil com a segurança tranquila de que Deus é verdadeiramente nosso sol e nosso escudo.

No capítulo anterior examinamos dois fatos, transformadores de vida, sobre Deus que se traduzem em duas razões para nos contentarmos com nossas circunstâncias:

Razão número 1 — o Senhor Deus é o nosso sol
Razão número 2 — o Senhor Deus é o nosso escudo
Examinaremos agora a *razão número 3* — *Deus nos dá graça*. Você e eu podemos sentir contentamento apesar do que esteja acontecendo conosco ou a nossa volta porque sabemos que temos a graça de Deus. O salmo 84.11 diz:

> Porque o Senhor Deus é sol e escudo;
> o Senhor dá graça...

Graça! Estou certa de que você já ouviu, cantou e leu muitas definições de graça, incluindo a que diz que significa favor imerecido, tudo que é espiritualmente bom, algo que Deus nos dá e que não merecemos. Contudo, esta é a minha descrição favorita: "Concessão divina exatamente de acordo com as necessidades humanas". Em outras palavras, seja qual for a nossa necessidade, Deus concede graça para ela.

Quando necessitamos de graça? A resposta exige outra pergunta. O que você está enfrentando hoje? É essa a graça que Deus nos dá — suficiente para enfrentar o que está à sua frente, para lidar com esses fatos e para suportar isso. Considere alguns eventos que você ou alguém que conhece enfrentou ou enfrentará:

- consulta ao médico para ver se será necessária uma biópsia ou cirurgia;
- ida ao hospital para exame de acompanhamento para o tratamento de câncer;
- ser professora de um estudo bíblico para mulheres pela primeira vez... e esta é a noite;
- telefonema do diretor da escola para informar que seu filho ou filha está com problemas;
- seu filho telefonando para avisar que se divorciará e que as crianças ficarão com a futura ex-mulher.

A lista de ocorrências desagradáveis e potencialmente graves poderia continuar: perda de emprego, perda de renda, perda da saúde, perda dos pais, perda dos filhos. Cada esposa, mãe, avó, tia ou irmã se defronta com toda sorte de problemas, alguns até diariamente. A beleza da graça de Deus é que ela é concedida *exatamente* segundo a sua necessidade. É *exatamente* o que você precisa no momento, está *exatamente* aqui quando você precisa, e é *exatamente* na proporção certa.

Uma mulher contou-me recentemente sobre os seus inúmeros exames médicos, biópsias e cirurgias que aconteceram justamente em uma ocasião em que o marido estava desempregado. Ela escreveu que, ao chegar à mesa de operação, sabia que a graça de Deus estaria ali naquela manhã. E qualquer que fosse o resultado das muitas cirurgias, ela poderia, pela graça de Deus, continuar, sem preocupar-se, seu papel de esposa, mãe e dona-de-casa através de tudo. Sentia-se totalmente satisfeita com a certeza da realidade da graça de Deus. Que exemplo para nós!

O que a graça de Deus faz?

Sabemos que a graça de Deus é concedida e certa. Notamos também que ela é exatamente o que precisamos na hora da necessidade. Contudo, o que a graça faz além de preparar-nos para atravessar tempos difíceis? O que a graça de Deus realiza? Fique atenta... e pronta para contar as suas bênçãos!

A graça de Deus salva você. A Bíblia diz que "todos pecaram e carecem da glória de Deus" e "o salário do pecado é a morte" (Rm 3.23 e 6.23). Merecemos a morte. Na verdade, nós a adquirimos com o pecado. Mas louvado seja Deus! Pela sua graça ele nos oferece salvação: "Porque pela graça sois salvos, mediante a fé" (Ef 2.8). A graça de Deus é derramada sobre você por meio de Jesus Cristo. Nas palavras de um escritor de hinos: "Graça maravilhosa, infinita, incomparável, concedida graciosamente a todos os que creem".[1]

A graça de Deus guia você. Paulo disse: "Mas, pela graça de Deus, sou o que sou; e a sua graça, que me foi concedida, não se tornou vã! (1Co 15.10). Não importa qual sejam seus antecedentes ou passado nem os desafios que se apresentam em seu caminho. Deus guia você pacientemente pela sua graça. Algumas vezes você não pode ver ou não verá as placas na estrada, mas sua graça finalmente levará você para onde deve estar, algumas vezes gentilmente... e outras não tão amavelmente. Deus tem um plano para você e quer que você o viva.

A graça de Deus capacita você. A vida nem sempre é agradável, mas a graça de Deus cobre você. Foi isso que Jesus disse ao apóstolo Paulo quando ele pediu que seu "espinho na carne" fosse removido: "a minha graça te basta, porque o poder se aperfeiçoa na fraqueza" (2Co 12.9). A graça de Deus foi suficiente para fazer Paulo atravessar essa provação e tudo que viria durante sua vida. Como Paulo, o que você enfrenta agora ou enfrentará no futuro, pode contar com Deus! Ele lhe dará graça por meio do seu poder para suportar. Você pode manter-se contente e em paz porque a graça de Deus providencia tudo que precisa agora e para sempre. O salmista creu e confessou, "O que a mim me concerne o Senhor levará a bom termo" (Sl 138.8). "Clamarei ao Deus Altíssimo, ao Deus que por mim tudo executa" (Sl 57.2).

A graça de Deus é suficiente para você — "Suficiente" é uma palavra imensamente consoladora que significa amplo, bastante, adequado. Você tem tudo o que precisa e requer mediante a graça de Deus. Você tem graça:

- suficiente para a sua salvação
- suficiente para formar e moldar você na pessoa que precisa ser para servir a Deus, sua família, sua igreja e seu mundo
- suficiente para fazê-la atravessar qualquer problema que tenha de resolver ou qualquer necessidade que venha a experimentar
- suficiente para levar você para casa, para a glória

Examinaremos agora a *razão número 4 — Deus dá-nos glória*. Salmos 84.11 diz:

> Porque o SENHOR Deus é sol e escudo;
> o SENHOR dá graça e glória.

Podemos ficar satisfeitas não só por causa da suficiência e do poder da graça de Deus, como também porque o Senhor nos dá glória. Feche os olhos e diga a palavra em voz alta: "glória". Só de dizê-la ficamos esperançosas! Isto porque a glória está ligada ao futuro ou ao final da vida como a conhecemos. No término da jornada, quando Deus nos receber para vivermos em sua presença imediata, oh, isso será glória! É a recompensa da eternidade. Glória, ou céu, é graça cultivada e levada à infinita perfeição. Temos toda a graça de Deus para hoje, toda ela ao longo do caminho, o que se iguala à glória no futuro. E essa glória virá quando virmos Jesus face a face. Será nesse momento que teremos o nome dele escrito em nossa fronte (Ap 22.4). Nessa hora estaremos finalmente com ele, adoraremos diante dele e reinaremos com ele para sempre.

Compreendendo a glória de Deus

Vamos experimentar a glória de Deus no futuro, mas é possível compreendê-la um pouco hoje, o que contribui poderosamente para a nossa sensação de contentamento no presente.

A glória de Deus é sua presença que nos faz reverenciá-lo. Moisés pediu a Deus: "Por favor, mostre-me a sua glória". E Deus permitiu que sua glória passasse enquanto Moisés estava escondido em segurança entre duas rochas; pois, como Deus explicou: "Não me poderás ver a face, porquanto homem nenhum verá a minha face e viverá" (Êx 33.18-20). Deus é majestoso e completo em prodígios miraculosos, onipotência e perfeita beleza. Quando

Deus se encontrou com Moisés no monte, houve trovões, fumaça e terremotos. O Deus todo-poderoso é foco consumidor, e a reação do povo naquele dia foi de absoluto terror. A glória de Deus é consumidora.

A glória de Deus é uma manifestação da sua natureza. A glória é a demonstração do caráter de Deus — seu poder supremo e perfeição moral. Quando Deus passou diante de Moisés, ele fez esta declaração sobre a sua glória: "Farei passar toda a minha bondade diante de ti e te proclamarei o nome do Senhor; terei misericórdia de quem eu tiver misericórdia e me compadecerei de quem eu me compadecer" (v. 19).

Deus está completamente acima de tudo que ele criou. Todavia, ele se revelou a Moisés e foi representado para a nação israelita por colunas de nuvem e fogo (Êx 13.21). Ele estava também presente no tabernáculo e no templo de Salomão para poder ser adorado. Há ainda outro lugar onde a glória de Deus é manifestada.

A glória de Deus é manifestada em Cristo. A única vez em que Jesus revelou sua natureza celestial gloriosa enquanto estava na terra, foi no monte da Transfiguração. Enquanto Pedro, Tiago e João observavam, "ele foi transfigurado diante deles. Sua face brilhou como o sol, e suas roupas se tornaram brancas como a luz" (Mt 17.2; NVI). Se a glória de Deus é a percepção de sua presença digna de reverência, quanto mais compreendermos Jesus, sua missão e obra na terra, tanto mais tomaremos conhecimento da glória de Deus. Pois, em Cristo, a glória de Deus estava fisicamente presente na terra.

Refletindo a glória de Deus

Você não fica entusiasmada em saber que experimentará a glória de Deus no futuro? Que coisa incrível! Porém, será que compreende que pode refletir a glória dele também agora? Pense nisto: o que Jesus quis dizer quando orou estas palavras ao Pai a favor de seus discípulos na noite antes da crucificação?

É por eles que eu rogo; não rogo pelo mundo, mas por aqueles que me deste, porque são teus; ora, todas as minhas coisas são tuas, e as tuas coisas são minhas; e, neles, eu sou glorificado (Jo 17.9,10).

Jesus estava dizendo que seus discípulos imediatos — e você e eu e todos os seus seguidores hoje — podem representar sua glória para o mundo. Ele é glorificado em nós! Esta é uma verdade que exige reflexão.

Jesus está presente no mundo por *nosso* intermédio. Você deve estar se perguntando como eu também me pergunto: *A minha vida revela corretamente o caráter de Jesus a outros? E como eu posso revelar mais exatamente o caráter e a natureza de Jesus?* A resposta está em um versículo que já examinamos antes —

E todos nós, com o rosto desvendado, contemplando, como por espelho, a glória do Senhor, somos transformados, de glória em glória, na sua própria imagem, como pelo Senhor, o Espírito (2Co 3.18).

A resposta está na transformação! Quando você compreende as verdades da Escritura e obedece a elas, passa a ser gradualmente transformada com a ajuda do Espírito Santo de um patamar de maturidade espiritual para outro, a fim de poder seguir Cristo mais de perto. Tornar-se mais como Cristo (refletindo sua glória) é uma experiência progressiva. Quanto mais você imita Cristo, tanto mais será como ele... e tanto mais exatamente refletirá a sua glória.

Avançando

A glória e a graça de Deus. Estas são duas provisões que Deus lhe dá como sua filha. A graça divina é ilimitada. Ela não tem começo nem fim. Cobre sua vida e se estende por toda ela. À medida que passa cada fase, sua graça está sempre presente e é sempre suficiente.

Você nunca terá de enfrentar nada que a graça divina não possa nem queira cobrir. Quando sua vida nesta terra terminar, a glória de Deus estará esperando por você do outro lado, nas praias do céu... para sempre.

A graça e a glória de Deus são bênçãos maravilhosas a serem esperadas; mas, e hoje? Por favor, não esqueça a oportunidade que você tem hoje de enfrentar os desafios de maneira a honrar a Deus. Conte com a sua graça e reflita sua glória em suas atitudes e atos todos os dias. A graça e a glória de Deus — essas bênçãos — são suas hoje. Elas estão aqui para a sua satisfação hoje. Elas a ajudarão a seguir a Deus de todo o coração hoje — não importa o que aconteça.

Este, portanto, é o caminho número um para avançar: leia diariamente nos evangelhos sobre a vida de Jesus. Por meio da vida de Cristo, você obterá melhor compreensão de como Deus é maravilhoso e de como ele realmente é. À medida que seu conhecimento dele se aprofundar, sua vida será mudada para melhor. Conforme Paulo disse, você experimentará crescimento espiritual ao contemplar e viver na glória do Senhor. Você será transformada nessa mesma imagem de glória em glória pelo Espírito do Senhor.

Deus muitas vezes retém dos homens riquezas e honras, assim como a saúde do corpo [...]. Honras, riquezas e saúde física não são absolutamente as coisas boas de Deus; pertencem às coisas indiferentes que Deus concede indiscriminadamente a justos e injustos, como a chuva que cai e o sol que brilha. As boas coisas de Deus são principalmente paz de consciência e alegria no Espírito Santo nesta vida.

CHARLES H. SPURGEON

19
Viajando pela estrada que leva ao contentamento

> *Porque o* Senhor *Deus é sol e escudo;
> o* Senhor *dá graça e glória; nenhum bem
> sonega aos que andam retamente.*
> Salmos 84.11

Se você não sabe para onde vai, qualquer estrada o levará até "lá", essa declaração bastante sombria tem estado em minha mente há muitos anos. Outra maneira de dizer isto é: "Se você acordar cada manhã sem ideia de como passará o dia, cairá vítima do urgente em lugar de tornar-se senhora do importante". O que essas declarações têm que ver com o contentamento? E os alvos, desejos e ambição não contradizem a ideia de estar contente?

Sou adepta de alvos. Minha atitude positiva nesse aspecto começou há várias décadas. Posso lembrar-me da primeira sessão séria que Jim e eu tivemos sobre estabelecer alvos. Passamos uma tarde de domingo inteira para criar alvos de um, cinco e dez anos e para toda a vida. Enquanto escrevia meus alvos de dez anos, deixei escapar um enorme suspiro que quase fez Jim cair da cadeira. Eu havia chegado à compreensão de que nos dez anos seguintes poderia esperar certas coisas naturais e normais acontecerem. Nesses dez anos, minhas duas filhas talvez se casassem. Isto significaria que Jim e eu sofreríamos a síndrome do "ninho vazio", ou talvez fôssemos até avós. Meus pais, que, na época, estavam na faixa dos oitenta anos, poderiam morrer. Meus pensamentos cobriram vários cenários possíveis relacionados à vida, casamento, saúde e ministério.

Enquanto eu escrevia alvos e pensava sobre eles em termos de tempo, fiquei chocada com a ideia de quantos eventos transformadores de vida poderiam acontecer no futuro próximo e distante de uma pessoa. Fiquei um tanto abalada... até que me lembrei do salmo 84.11 e do que estivemos falando nesta seção do livro:

> Porque o SENHOR Deus é sol e escudo;
> o SENHOR dá graça e glória.

Meu coração serenou quando reconheci mais uma vez que Deus seria um sol e um escudo para mim. Sua graça me prepararia e me acompanharia em tudo que acontecesse. Depois de me acalmar, recuperei aquela segurança e contentamento silencioso conferidos pela fé e confiança nas promessas de Deus. Deus está no controle — tudo vai dar certo. Como são abençoadas as promessas desse versículo!

No decorrer dos dez anos seguintes, meus pais realmente morreram... e a graça de Deus estava lá. Minhas duas filhas também se casaram (uma um ano depois da outra — novo suspiro!)... e a graça de Deus estava lá. Uma multidão de outros desafios também surgiu, como cirurgias graves, suspeita de câncer, um neto com problema físico, uma oferta para escrever um livro, aprender como escrever um livro — coisas que eu não sonhava na época, mas que levaram minha vida para novas, dramáticas e, por vezes, difíceis direções... e a graça de Deus estava lá.

Alvos versus *contentamento*

Antes de passar para a quinta razão para ficarmos contentes, conforme lemos no salmo 84.11, quero compartilhar minha perspectiva sobre como os alvos e o contentamento não são contraditórios. Ao contrário, eles podem ser companheiros que nos ajudam em nosso caminho para seguir a Deus de todo o coração. Há, porém, um qualificador. Seus alvos não devem violar a Escritura. Estou certa de que você já viu ou leu sobre pessoas que lutaram com unhas e dentes para chegar ao topo das corporações ou indústrias. Qualquer pessoa e todos que interferissem no caminho desses indivíduos eram forçados a afastar-se enquanto eles passavam por cima dos outros e pisavam neles para chegar ao alto. Este não é o tipo de ambição e alvos sobre os quais estamos sonhando. Não, os alvos que nos interessam envolvem ambição piedosa.

Ambição piedosa é o seu desejo de servir a Deus e passar sua vida esforçando-se para cumprir toda a vontade do Senhor para a sua vida. Um de meus versículos favoritos descreve o que significa seguir a Deus de todo coração. Deus diz: "Achei Davi, filho de Jessé, homem segundo o meu coração, *que fará toda a minha vontade*" (At 13.22; grifo do autor). Enquanto compartilho alguns dos benefícios de estabelecer alvos, tenho em mente a definição de Deus de um homem — ou mulher! — segundo o coração dele. Lembre-se de cuidar e orar pelos seus alvos para que eles estejam de acordo com seus papéis e responsabilidades dados por Deus, algo que examinaremos no capítulo seguinte.

Os alvos dão direção. Os alvos levam você dos castelos no ar para dados concretos. Os alvos são declarações sobre o futuro — qual você acredita ser a direção em que Deus está levando você, segundo a vontade divina. Os alvos trazem o futuro (se o Senhor quiser... ou se for da vontade do Senhor!) para o presente, a fim de que você possa fazer hoje algo sobre o futuro que Deus tem em mente para você. Se não tiver ideia ou tiver bem pouca ideia da direção de sua vida você pode preocupar-se ou se tornar inquieta. Deus permite que faça planos confiantes sobre o seu futuro e o futuro de sua família, planos esses que trarão contentamento. Você sabe o que

Provérbios 3.5,6 diz? Ao ler esses versículos agora, note o desejo do escritor pela orientação de Deus enquanto caminha pela vida.

Confia no SENHOR de todo o teu coração e não te estribes no teu próprio entendimento. Reconhece-o em todos os teus caminhos, e ele endireitará as tuas veredas.

Os alvos oferecem foco. Como uma mulher ocupada, você esforçou-se em todas as direções. Contudo, já avaliou sua ocupação recentemente? Por exemplo, está suficientemente envolvida nas áreas realmente importantes da existência? Está possivelmente desperdiçando tempo correndo em volta, ocupando-se com esforços secundários e reservando pouco tempo para as principais áreas da família, lar e ministério? Paulo escreveu em Filipenses 3.13: "Mas, *uma* coisa faço". Verifique se você não está vivendo de acordo com "essas muitas coisas em que me ocupo". Os alvos são esplêndidos porque colocam limites em sua vida. Eles trazem calma em meio ao caos. Ter alvos assegura que você se concentre nos eventos mais importantes e decline dos demais. O foco dá uma sensação de contentamento enquanto você avança e dá passos específicos dia-a-dia.

Os alvos promovem motivação. Fico tão emocionada todas as manhãs quando salto da cama porque sei a direção da vontade de Deus como definida pelos meus alvos. Eu os escrevi baseada na sua palavra e os entreguei a ele. Oro em relação a eles todos os dias no caso que o Senhor queira que eu os mude. Não preciso então ficar ansiosa sobre a direção geral do meu dia ou onde gastarei meu tempo e energia limitados. Tenho planos apoiados em alvos preparados com a ajuda de Deus. Uma força poderosa pode ser também sua se estabelecer a direção com base no que acredita ser a vontade de Deus. Você pode permitir então que o poder capacitador do Espírito Santo trabalhe por intermédio de você e de seu plano o dia inteiro enquanto serve a Deus e a outros.

Os alvos produzem orientação. Como você toma decisões? Descobri que sem alvos, minhas escolhas são provavelmente bastante influenciadas pelos caprichos e exigências de outros ou feitas espontaneamente de acordo com meus hábitos enraizados que necessitam ser transformados. Muitas decisões diárias são tomadas para o bem e bem-estar de nossas famílias e outras são tomadas com alguma espontaneidade. Todavia, um bom número delas poderia ser tomado porque você não conseguiu pensar em uma boa razão para negar-se a agir dessa maneira. Quando tem alvos, porém — alvos baseados na vontade de Deus para a sua vida — você saberá muito melhor como tomar as melhores decisões — decisões piedosas — que resultarão em uma vida contente e produtiva.

Cinco outras razões por que você pode ser uma pessoa contente

Você está percebendo como os alvos são importantes? Os alvos têm sido uma verdadeira âncora em minha vida, a ponto de estar saboreando a lembrança de como eles são bons. Posso viver contente por saber que Deus me deu um mapa para servi-lo por meio dos alvos que escrevi há anos. É claro que eles mudaram e foram modificados de acordo com os acontecimentos da vida, mas segui a liderança de Deus por intermédio deles durante os últimos 25 anos, talvez até mais. Se Deus quiser, planejo continuar a seguir a sua direção até ver Jesus face a face e tenho a esperança de ouvir a sua recomendação, "Bem feito, servo bom e fiel, [Elizabeth!]" (Mt 25.21). O contentamento é uma sensação maravilhosa!

Vamos fazer então uma pequena recapitulação do motivo para ficarmos contentes.

Razão número 1 — Deus é o seu sol. Você tem a provisão dele. Assim como o sol é a fonte de toda vida física, Deus é a fonte de toda a vida, tanto física quanto espiritual.

Você não precisa preocupar-se com provisões.

Razão número 2 — Deus é o seu escudo. Você tem a sua proteção. Assim como um escudo protege na guerra, Deus é a sua fonte de proteção e segurança. *Você não precisa preocupar-se em lutar contra os inimigos sozinha.*

Razão número 3 — Deus lhe dá a sua graça. Você tem a sua graça, sua suficiência. Quando precisa dele, Deus supre todas as coisas pela sua graça. *Você não precisa preocupar-se em ter força suficiente.*

Razão número 4 — Deus lhe dará glória. Você tem a promessa de Deus de que ele lhe dará glória — glória eterna — não importa como ou quando você morrer. *Você não precisa preocupar-se com o seu destino eterno.* Você também experimentará parte da glória de Jesus aqui na terra!

Estas são algumas razões fantásticas para você confiar em Deus e ficar contente, não acha? Vejamos agora, no entanto, a quinta e última razão do salmista conforme menciona o salmo 84.11.

Razão número 5 — Deus dá o que é bom.

> Porque o SENHOR Deus é sol e escudo;
> o SENHOR dá graça e glória;
> nenhum bem sonega
> aos que andam retamente.

Você pode ficar contente por saber que seu bom Deus só dá o que é 100% bom ou benéfico para você. Fico sempre surpresa quando leio o contraste que Jesus apresenta entre pais terrenos "maus" que dão boas dádivas aos filhos e nosso Pai celestial que dá ainda mais aos seus filhos:

> Ou qual dentre vós é o homem que, se porventura o filho lhe pedir pão, lhe dará pedra? Ou, se lhe pedir um peixe, lhe dará uma cobra? Ora, se vós, que sois maus, sabeis dar boas dádivas aos

vossos filhos, quanto mais vosso Pai celeste, que está nos céus, dará boas coisas aos que lhe pedirem? (Mt 7.9-11).

Quem vive em uma sociedade abonada tende a distorcer nossa visão do que é bom. Confundimos as "boas coisas" da vida em nossa opinião com o que Deus considera ser "bom" pelo seu efeito benéfico. Nosso "bom" é muitas vezes definido por bens, carros, casas, férias e dinheiro, a "essência" da vida secular. Porém, o "bom" de Deus é definido pela sua natureza: "Toda boa dádiva e todo dom perfeito são lá do alto, descendo do Pai das luzes" (Tg 1.17). O "bom" de Deus é perfeito, enquanto o nosso bom — o bom da humanidade — é manchado pelo desejo mundano, cobiça e valores vacilantes. Deus quer nos dar aquilo que é *sempre* bom. Precisamos ter certeza de que o nosso "bom" se alinha com o "bom" dele, como revelado na Bíblia.

Vamos explorar a verdade da bondade de Deus no salmo 84.11. Primeiro, esse belíssimo fato sobre Deus e a sua natureza. A bondade é um de seus atributos. É também uma promessa. O que você tem? O que possui? O que quer que seja (ou não seja!), Deus lhe deu as coisas benéficas que são bênçãos do alto, coisas que você necessita para o seu serviço e peregrinação através da vida. Isto inclui as necessidades da vida e pode até incluir alguns bens materiais.

Vejo, no entanto, aqui um probleminha: Há muitas coisas boas no mundo, mas você e eu devemos perguntar: "Estas são as melhores coisas para mim?" Faça este simples teste da Escritura que ajudará você a decidir se algo que deseja ou algo que quer fazer é "bom", como definido pela palavra de Deus; e isso, é claro, significa que se trata de algo que Deus quer para você.

> *Há muitas coisas boas no mundo, mas você e eu devemos perguntar: "Estas são as melhores coisas para mim?"*

Teste número 1 — É digna de uma filha de Deus? "Todas as coisas me são lícitas, mas nem todas convêm..." (1Co 6.12).
Teste número 2 — Escravizará? "Todas as coisas me são lícitas, mas eu não me deixarei dominar por nenhuma delas" (1Co 6.12).
Teste número 3 — Prejudicará o crescimento espiritual de outros? "Se a comida serve de escândalo a meu irmão, nunca mais comerei carne, para que não venha a escandalizá-lo" (1Co 8.13).
Teste número 4 — Produzirá crescimento espiritual? "Todas as coisas são lícitas, [...] mas nem todas edificam" (1Co 10.23).

Em resumo, se você não possui algo, não deve desejá-lo porque não é o que você precisa ou Deus já o teria dado a você. Avance um passo e ore, mas lembre-se de que Deus não retém nada de bom que seja necessário agora. Tenha, portanto, cuidado quando *pensar* que lhe falta alguma coisa e quando estabelecer seus alvos. É uma afronta a Deus e uma crítica ao seu caráter crer que você necessita de algo e que ele não a está suprindo com isso. A bondade de Deus é absoluta e surpreendentemente maravilhosa!

Um avanço no contentamento

O conceito de confiar em Deus me atingiu definitiva e claramente há alguns anos quando, como já contei, Jim deixou seu emprego bem pago para matricular-se no seminário. Embora eu ficasse contente de maneira geral por viver em uma casa menor e com muito menos dinheiro, tive de lutar contra duas coisas. Não eram realmente coisas importantes, embora me perseguissem. Toda vez que estava em nossa pequena sala de estar, eu tinha de sentar-me em um sofá com a espuma do recheio saindo para fora de seu forro gasto. Por sua vez, ao levantar os olhos era confrontada com feias manchas no forro, indicando vazamento no telhado. O pequeno salário de Jim era suficiente para vivermos, mas não para substituir um sofá nem consertar o teto. Todos os dias eu me sentava naquele sofá encaroçado para orar e via as manchas pardas no forro a me encararem. *Nós desistimos de tanta coisa para servi-lo, Deus,* pensei. *Por que, oh, por que, o Senhor não nos ajuda nessas duas coisas?* (Mal posso acreditar como estava sendo atrevida!)

Depois de memorizar e meditar sobre o salmo 84.11, finalmente compreendi que Deus já me dera o que era bom — e que era contra sua natureza não agir assim! Desde que Deus não achara conveniente substituir nenhum dos problemas, concluí que eu não precisava daquilo que ele evidentemente não supria. Mudei, portanto, meu modo de pensar e controlei meus desejos, podando-os para se adequarem ao que o meu Deus gracioso já me dera. Senti-me, assim, totalmente satisfeita!

Quando compartilho essas coisas com as mulheres nas conferências, sempre gosto de terminar com o que aconteceu àquele forro. Jim e eu fizemos um estudo bíblico em nossa pequena casa, e o grupo se reunia toda sexta-feira à noite. Todos podiam ver claramente as manchas pardas no teto. Era impossível não vê-las. E as pessoas comentavam sempre a respeito. Notei até que colocavam suas cadeiras de modo a não ficarem debaixo da parte do forro que abaulara... por precaução. Certa manhã de sábado, nosso telefone tocou. Jim respondeu; mas, não havia ninguém na linha. Ouvimos então a campainha. Jim foi abrir a porta... mas, não havia ninguém. No capacho deixaram um envelope cheio de dinheiro — o suficiente para consertar o forro! Não sabemos quem Deus usou para enviar-nos sua bênção, mas fomos novamente lembrados de que as boas coisas de Deus sempre chegam segundo o calendário dele. Ele promete: "Nenhum bem [eu] sonego aos que andam retamente". E cumpre suas palavras!

Fontes de contentamento

Todo rio tem uma nascente. O mesmo acontece com as bênçãos de Deus. Como uma doxologia, frequentemente cantada, expressa:

"Louvai a Deus de quem procedem todas as bênçãos". Uma das bênçãos generosas de Deus, da qual tanto precisamos, é o contentamento... o contentamento que só ele pode dar. Veja, reconheça e aprecie essas fontes de paz e alegria preciosas.

O contentamento tem seu fundamento em Deus. Isto pode ser visto nas cinco razões para o contentamento que estivemos considerando, com muitas outras que Deus oferece a seus filhos. Falta de contentamento significa falta de confiança na provisão de Deus. Se eu acreditar que meu Deus amoroso e perfeito não reterá o que é bom e necessário, tenho a calma e a certeza de que Deus *sempre* proverá. É isso mesmo! Só preciso ser paciente... e estar contente.

O contentamento vem com a devoção focada. Jesus disse que as pessoas não podem servir a dois senhores (Mt 6.24). O materialismo e especialmente o dinheiro e o que ele compra, pode tornar-se um senhor. É uma tentação constante. O dinheiro em si não é mau por ser neutro. Não é bom nem mau. O *amor ao dinheiro* é que se torna nosso senhor (1Tm 6.10). Uma prova valiosa para ver seu foco é perguntar: qual a pessoa ou coisa que ocupa a maioria dos meus pensamentos, tempo e energia? Se a sua resposta não for Deus, você está servindo o senhor errado.

O contentamento é uma perspectiva aprendida — Alguns dos versículos mais encorajadores da Bíblia (pelo menos para o meu coração) são a declaração de Paulo em Filipenses 4.11,12: "*Aprendi* a viver contente em toda e qualquer situação. Tanto sei estar humilhado como também ser honrado, de tudo e em todas as circunstâncias, já *tenho experiência*, tanto de fartura como de fome; assim de abundância como de escassez".

À medida que você entrega cada vez mais os seus temores e desejos a Deus e confia nele, crendo na sua bondade, verá como ele é fiel em atender a todas suas necessidades reais. E você confiará mais e mais nele. Como Paulo, você *aprenderá* a viver contente porque escolheu confiar em seu Pai amoroso, gracioso e celestial.

Avançando

Quando minhas filhas eram pequenas, costumávamos ir ao *shopping* fazer compras. No momento em que chegávamos à primeira loja, as meninas se punham a repetir seu disquinho de sempre, dizendo: "Quero isto!", ou: "Posso comprar isto?" As coisas continuavam desse modo enquanto estávamos no *shopping*. A atitude delas se tornava um tanto irritante depois de algumas lojas porque não *precisavam* de nada do que queriam. Jim e eu, como pais amorosos, já havíamos dado a elas tudo que *precisavam*... e mais ainda.

Ajo, com frequência, dessa forma com Deus! Peço constantemente coisas e mais coisas. E você? Faz o mesmo? Esta é uma pergunta que dá o que pensar: o que Deus negou a você que acha que realmente precisava? A resposta é: "Nada!" Caso precisasse, seu bom Deus já teria dado ou dará a você. Avance em sua viagem, seguindo a Deus de todo o coração por meio de:

- *reconhecimento* da bondade de Deus,
- *agradecimento* a ele pela sua provisão atual, e
- *confiança* nele para continuar suprindo todas as suas necessidades *à medida que surgirem*.

Se fizer isso estará na estrada certa para tornar-se uma mulher contente!

*As promessas de Deus são como salva-vidas.
Elas impedem que a alma afunde
em um mar de problemas.*

20

Caminhando em paz e liberdade

Porque o Senhor Deus é sol e escudo;
o Senhor dá graça e glória;
nenhum bem sonega
aos que andam retamente.
SALMOS 84.11

Estou certa de que você gosta da saudação que o sol lhe faz todo glorioso a cada novo dia. Que maravilha acordar para começar o dia de forma revigorante; pensando que Deus é sol para você, trazendo-lhe energia, alegria, esperança e visão.

Esta é mais uma coisa com a qual você pode contar quando desperta a cada manhã. Deus promete que "nenhum bem será sonegado aos que andam retamente". O que quer que seja bom, e bom para você, seu Pai celestial dará, suprirá, providenciará. Esta é uma promessa dele para você!

O que é uma promessa? O dicionário define promessa como uma declaração, oral ou escrita, afirmando que alguém fará ou não fará alguma coisa. Uma promessa é um penhor, voto ou juramento. Estou certa de que você fez algumas promessas em sua vida. Se for casada, trocou votos nupciais e prometeu amor imorredouro a seu marido. Se for membro de uma igreja local, é provável que tenha aceitado um conjunto de regulamentos que regem o ministério dessa igreja. Como cidadã, você penhora sua fidelidade à bandeira e às autoridades do governo da nação. Você tem uma boa experiência de promessas, votos e compromissos.

Aprendendo sobre as promessas de Deus

Nesta seção procuramos a estrada que leva ao contentamento. Descobrimos, desse modo, cinco provisões — cinco promessas! — de Deus no salmo 84.11:

- Deus é sol.
- Deus é escudo.
- Deus dá graça.
- Deus dá glória
- Deus é bom e dá boas dádivas.

E o que nos permite saber que ele cumprirá essas promessas? Que garantia temos de que poderemos depender delas? A resposta se acha na própria natureza de Deus. *O poder de qualquer promessa depende daquele que a faz.* Isso significa que você pode confiar nas promessas de Deus relativas à provisão, proteção, paz, glória final e bondade, por causa do seu caráter, seus atributos. Deus é o Deus que "não pode mentir" (Tt 1.2). Este é Deus! Você pode aceitar com segurança qualquer promessa que ele faça em sua palavra, inclusive as que se encontram no salmo 84. Estas são também boas notícias! Há uma *porção* de outras promessas maravilhosas na Bíblia para você! Alguns estudiosos calculam que há cerca de oito mil delas!

Deus ama e cuida real e perfeitamente da sua criação — incluindo você. Sua bondade foi provada pelas suas muitas promessas e seu cumprimento através das eras. No entanto, há alguns fatos sobre as promessas de Deus para guardar em mente:

- muitas promessas são limitadas a pessoas ou grupos de pessoas *específicos*, como Abraão e a promessa da terra que o Senhor daria a Israel; a família de Jacó e a promessa divina de que eles voltariam do exílio; o rei Davi e a promessa de Deus a ele de um reino eterno;
- muitas promessas são *ilimitadas e se aplicam* aos cristãos de todas as épocas;
- muitas das promessas de Deus são *condicionais*. Isto significa o desejo de Deus de fazer algo ou de nos dar algo, mas, para isso, você tem de fazer algo em retribuição ou também dar algo.

Recebendo as promessas de Deus

No salmo 84.11, Deus promete ser nosso sol e escudo e dar-nos graça, glória e todas as boas coisas de que precisaremos. Todavia, ele impõe uma condição:

> Nenhum bem sonega
> aos que andam retamente.

Reflita sobre isto: Experimentar o pleno impacto e benefício dessas promessas depende da condição de que *você andará retamente*. Outras versões traduzem estas palavras:

- "Às vidas inocentes, ele jamais recusará a sua generosidade."
- "Ele não retém a prosperidade dos que vivem com integridade."[1] (Tradução livre)

Deus é um doador ilimitado. Ele *gosta* de dar e *quer* dar. Dar está em sua natureza. Todavia, quando se trata de suas promessas no salmo 84.11, se nos recusarmos a obedecer à única condição de Deus, sofreremos e deixaremos de receber e também de desfrutar as bênçãos que ele oferece e que levam ao contentamento, paz e liberdade. Tudo que ele pede é que andemos retamente, que tenhamos uma vida inocente e irrepreensível. Nossa desobediência limita nossa capacidade de receber as dádivas de Deus. Nossa falta de confiança em Deus limita nossas bênçãos. Embora eu não saiba quem escreveu isto, a sabedoria e a verdade são transformadoras de vida!

Deus faz uma promessa —
A fé acredita nela,
A esperança fica na expectativa,
A paciência a aguarda serenamente,
O amor observa qualquer condição e obedece a ela.

O amor obedece aos mandamentos de Deus e às suas condições. Para receber as bênçãos que Deus nos oferece no salmo 84.11, devemos andar reta e irrepreensivelmente.

Vivendo retamente

Viver retamente? Isto é possível? Não, não é... se estivermos falando de perfeição sem pecado. Ninguém deixou de pecar ou não tem pecado, exceto Jesus. Portanto, ser irrepreensível ou andar retamente deve significar outra coisa. Andar retamente é seguir a Deus de todo coração. É o desejo profundo de andar com ele tão de perto que a sua conduta venha a ser cada vez mais piedosa, mais e mais como ele, mais e mais como Cristo. É buscar ser irrepreensível em seu coração e em seus atos. O próprio fato de Deus prometer honrar esse tipo de pessoa significa que andar retamente é possível. Você diz: "Não, não pode ser feito!". Isso, porém, não é verdade. Deus nunca nos pede para fazer algo sem nos dar o meio de realizá-lo. Continue lendo!

Houve certa vez um casal piedoso — um casal segundo o coração de Deus. Os dois amavam a Deus e procuraram ao máximo andar em todos seus caminhos. Todavia, passaram pela tristeza de não ter filhos, um estigma social e religioso grave em sua cultura. A vida deles era menos que ideal, não sendo aquela que haviam sonhado. Todavia, esta é a descrição eterna de Deus para Isabel e seu marido Zacarias:

> Ambos eram justos diante de Deus, vivendo irrepreensivelmente em todos os preceitos e mandamentos do Senhor (Lc 1.6).

Este é outro exemplo — Maria Taylor, esposa de Hudson Taylor, missionário para a China e fundador da Missão para o Interior da China. Em seu leito de morte, a sra. Taylor disse ao marido: "Você sabe, meu querido, que há dez anos nunca houve uma nuvem entre mim e meu Salvador. Não posso ficar triste por estar indo para ele". Durante dez anos nenhuma nuvem entre ela e Deus. Isso é que é viver uma vida *reta*! Uma vida em que não há ressentimento, amargura, má vontade entre você e Deus. Isto significa também uma vida em que não há ressentimento, má vontade nem amargura contra outra pessoa. Coração irrepreensível!

Como Isabel, Zacarias e Maria Taylor, você pode gozar as bênçãos das promessas de Deus (incluindo as enumeradas no salmo 84.11)! O que precisa fazer para isso?

Fique atenta ao pecado

O *pecado* — não atingir os padrões de Deus conforme revelados em sua palavra — limita a sua vida. Ele impede você de participar das muitas bênçãos que Deus quer derramar sobre você. Impede também sua capacidade de servir ao Senhor e a outros. Você tem a cada dia a oportunidade de decidir como viverá. Deus diz: "Não peque! Escolha andar retamente e ser abençoada. Seja uma bênção para outros". Isto significa: fique atenta ao pecado e lide com ele no momento em que ele surgir.

Satanás e seu sistema mundial dizem justamente o oposto: "Faça tudo como gosta. Faça o que quiser. Se parece bom, faça. Não viva com restrições, regras, limitações. Esta é a verdadeira liberdade". No entanto, em conformidade com Deus, os que praticam a definição de liberdade do mundo perderão a liberdade suprema, a provisão, a proteção, a graça, a glória e o bem que ele oferece. Este é um preço elevado a pagar pelo seu momento faça-o-que-quiser, em que o importante é sentir-se bem.

Como alguém que não quer perder nenhuma das bênçãos de Deus, minha ideia é esta: devo enfrentar o pecado — qualquer pecado, todo pecado, cada pecado, pecados grandes e pequenos — porque todo pecado continua sendo pecado aos olhos de Deus. Esta é a razão pela qual tento seguir estes passos para seguir a Deus de todo o meu coração.

- *Procure o pecado.* Peça a Deus em oração, "Sonda-me, ó Deus, e conhece o meu coração, prova-me e conhece os meus pensamentos; vê se há em mim algum caminho mau" (Sl 139.23,24).
- *Reconheça o pecado.* Uma vez que o pecado seja encontrado, chame-o pelo nome, reconheça e confesse o pecado. Não o negue, guarde, racionalize ou encubra. *Não culpe outros por* ele. Satanás está pronto para dar uma desculpa para cada pecado. Faça como fez Davi ao derramar seu coração diante de Deus: "Confessei-te o meu pecado e a minha iniquidade não mais ocultei" (Sl 32.5).
- *Confesse o pecado.* Confessar é simplesmente admitir um erro. Confesse seu pecado a um Deus santo, onisciente. A oração de Davi continua: "Confessarei ao Senhor as minhas transgressões" (Sl 32.5).
- *Receba perdão.* O maior benefício da confissão é a liberdade e o alívio que ela traz. Davi continua derramando seu coração:

"... e tu perdoaste a iniquidade do meu pecado" (Sl 32.5). Qual o resultado abençoado? Davi escreve no salmo 32.1: "Bem-aventurado aquele cuja iniquidade é perdoada, cujo pecado é coberto".

- *Avance!* Com a culpa debilitante do seu pecado removida e a liberdade do perdão em seu coração, Davi voltou ao caminho certo com Deus. Ele estava andando com Deus e fruindo suas generosas bênçãos. Achava-se novamente livre para viver o plano de Deus e servir a Deus e ao seu povo. Davi cita Deus no salmo 32.8: "Instruir-te-ei e te ensinarei o caminho que deves seguir".

Confrontando o pecado na vida real

Falei em vários de meus livros sobre a época em que vivi sob a sombra da possibilidade de Jim ser designado para o Oriente Médio durante a operação "Tempestade do Deserto". Como lidei contra essa crise em minha vida?

Decidi orar e jejuar todos os dias até a refeição da noite pelo período em que houvesse a possibilidade de Jim ser chamado pelo exército. Todavia, jejum e oração não significariam nada se eu não lidasse contra o pecado. Assim, meu primeiro passo cada dia e com cada oração era perguntar: "Deus, há qualquer coisa em minha vida que possa impedi-lo de responder às minhas orações por meu marido e família?" E quando Deus chamava minha atenção para algo, eu fazia todo esforço para cuidar daquilo e lidar contra o problema diante de Deus e em minha vida.

Por exemplo, uma coisa que Deus trouxe a minha mente foi nossa contribuição financeira à igreja. Estávamos contribuindo, mas não regularmente. Era mais uma coisa do tipo: sempre que lembrássemos ou fosse conveniente. Não estávamos sendo fiéis em relação à obediência a essa área de nossa vida cristã (1Co 16.2; 2Co 9.6-8). Eu não queria negligenciar nada que Deus me pedisse enquanto orava pela presença contínua de Jim em casa. Quando falei com meu marido sobre minha convicção a respeito da oferta, reconhecemos e confessamos rapidamente essa falha a Deus e começamos a ser mais fiéis. Não estávamos tentando comprar o favor de Deus, mas respondendo aos seus ensinamentos na Bíblia sobre uma área de obediência fiel.

Praticando suas prioridades

Outra maneira de andar retamente é praticar as prioridades que lhe foram dadas por Deus. Manter uma folha limpa com Deus em relação ao pecado faz que você fique aberta para viver a vontade de Deus. Assim como a palavra de Deus ensina você sobre o pecado e como lidar contra ele, a palavra de Deus revela seus papéis e responsabilidades. As prioridades dele para as mulheres envolvem:

- *o caminhar com o Senhor* — para crescer espiritualmente mediante leitura e estudo da Escritura e a ajuda de um orientador;
- *família* — cultivar um compromisso profundo no sentido de amar, servir, sustentar os membros da família e orar fielmente por eles;
- *lar* — criar um ambiente favorável e um lugar de beleza e ordem para outros;
- *ministério* — contribuir e crescer no serviço e encorajamento de outros.

Você anda retamente quando segue as prioridades de Deus para a sua vida. Isto realmente se limita às coisas básicas da vida. Por exemplo, conversei recentemente com uma mulher e ela contou que não falava com o marido havia dezesseis dias. Amiga, isso são dezesseis dias de não andar retamente! Dezesseis dias sem as bênçãos de Deus! Dezesseis dias de oração não respondida! O silêncio dela era deliberado e diário. O marido fizera algo de que ela não gostou, e o castigo dele foi ela ignorá-lo. Escolher desobedecer ao desígnio de Deus para honrar um ao outro no casamento é pecado.

Outro exemplo ocorreu quando uma mãe me telefonou com uma súplica confusa: "Tudo está em ruínas e sendo destruído. Estou no fim de minhas forças!" Depois de tê-la ajudado a acalmar-se, perguntei: "O que você deveria estar fazendo que não esteja fazendo?" Houve uma longa pausa e ela começou embaraçada: "Não estou me levantando pela manhã, e, portanto, a família ficou por conta própria. Não consigo chegar até a lavanderia e, assim, não temos roupas limpas. Sinto-me tão cansada à tarde que peço a meu marido para trazer comida pronta para casa. Tudo está um caos!"

> *Paz, amor e alegria reinam em seu coração e em seu lar quando você segue a vontade de Deus.*

Você tem a impressão de que Deus está abençoando a vida dessa mulher? Pensa que a família dela está colhendo as consequências da sua negligência, sua preguiça? O que diz Provérbios 31.27: "Atende ao bom andamento da sua casa e não come o pão da preguiça". Esta é a vontade de Deus. É o plano e a prioridade de Deus. Toda mulher tem um dia desgastante aqui e ali, mas esta não deve ser a norma.

Paz, amor e alegria podem reinar no coração *e* no lar quando a mulher segue a vontade de Deus em sua casa. O resultado? "Levantam-se seus filhos e lhe chamam ditosa; seu marido a louva" (Pv 31.28).

Querida leitora, você, desse modo, percebe que seus papéis são claramente definidos — crescimento espiritual, amor e cuidado da família, serviço a Deus e a outros. Se quiser as bênçãos de Deus em sua vida, você deve buscar de todo coração andar retamente enquanto pratica as prioridades que Deus lhe destinou!

Avançando

Você tem contado suas bênçãos? O salmo 84.11 está carregado delas. Bênçãos que cobrem todas as facetas, faixas etárias, estágios e necessidades de sua vida. Todas elas resultam em contentamento... doce contentamento. Em um versículo dentre os mais de 31 mil versículos da Bíblia, Deus lhe dá *cinco* provisões com apenas uma condição. Ele oferece a você *cinco* promessas e só pede *uma* coisa a você. Que continue avançando na tarefa de seguir a Deus de todo o coração, e só há uma coisa que você deve fazer — andar retamente. Deus é o seu sol e escudo. Deus lhe dá graça e glória. Deus não sonega nenhum bem. Todas essas bênçãos são suas quando faz a sua parte — amar suficientemente a Deus para guardar seus mandamentos (Jo 14.15).

Minha preciosa leitora amiga, você *pode* sentir-se contente porque tem tudo que Deus pretende que tenha neste momento. Quando passar para o momento seguinte, terá também tudo. Quando limitar os seus desejos àquilo que possui, compreendendo que tem tudo que Deus quer lhe dar para as suas necessidades e bem-estar presentes, você ficará alegre. Ficará satisfeita. Concordará com Deus sobre sua bondade e provisão.

Confie nele para hoje e para o seu glorioso final. Em cada lugar em que se detiver ao longo do caminho enquanto viaja com ele, andando retamente, sua alma terá descanso.

Charles H. Spurgeon, renomado pregador e pastor inglês, citou várias vezes as duas últimas estrofes de uma antiga composição musical que revelava o profundo contentamento encontrado no salmo 84: *Tenha o Senhor como seu sol, seu escudo — nenhum bem ele reterá; Ele dá graça e será revelada em breve a sua glória, ainda desconhecida. Seu poderoso nome confessando, ande em paz e livremente, ó, Senhor, quão rica a bênção daquele que em ti confia!* (tradução livre).

Seção 6

Tornando-se uma mulher confiante

Servir à presente era,
meu chamado cumprir;
que isto possa envolver tudo que possuo,
a fim de obedecer à vontade de meu Mestre![1]

CARLOS WESLEY
(TRADUÇÃO LIVRE)

21

Crendo e vivendo o plano de Deus

*Tudo posso naquele [Cristo]
que me fortalece.*
FILIPENSES 4.13

Se você fosse me visitar e entrasse na biblioteca, veria imediatamente que Jim e eu somos estudantes da Bíblia. Por sermos ambos professores da Bíblia, temos prateleiras de comentários, dicionários e enciclopédias bíblicos, com inúmeras obras devocionais e volumes sobre teologia e vida cristã. O que poderia surpreender você, no entanto, é que também temos livros da série *Chicken soup* [*Canja de galinha*].[2] Esses livros contêm histórias maravilhosas e instrutivas sobre pessoas reais. Identifiquei-me, por razões óbvias, especialmente com o volume *Chicken soup for the writer's soul* [*Canja de galinha para a alma do escritor*].

Uma história de um dos livros da série *Chicken soup* [*Canja de galinha*], comovedora e cheia de inspiração, contava sobre uma jovem escoteira cuja mãe sempre quisera fazer uma viagem com a filha. Todavia, por ser mãe solteira trabalhando como garçonete, mãe e filha mal tinham dinheiro suficiente para as coisas básicas, muito menos para viajar.

Essa adolescente leu em sua revista para escoteiras que o membro que vendesse mais biscoitos no ano seguinte ganharia uma viagem pelo mundo com todas as despesas pagas para si e um dos pais. Essa menina de 13 anos não era mais inteligente do que qualquer outra escoteira, nem era a mais extrovertida. De fato, era extremamente tímida. No entanto, tinha um sonho para a mãe e acreditou que poderia vender muitas caixas de biscoitos.

O resultado? Quando terminou a temporada da venda de biscoitos e os números finais foram calculados, ela vendera 3.526 caixas de biscoitos. Ganhou a viagem para si e a mãe! Desde então Markita Andrews vendeu 42 mil caixas de biscoitos e é regularmente convidada para falar em seminários motivacionais e de vendas para empresas ao redor do mundo![3]

Essa menina acreditou em algo e empenhou-se confiantemente em fazer que acontecesse. Mais inspirador do que a história dela, no entanto, é que você e eu temos a oportunidade de alcançar resultados ainda maiores em nossa vida.

Fazendo uma caminhada

Você e eu talvez não consigamos vender mais de 40 mil (ou nem mesmo 40!) caixas de biscoitos, mas, quando confiamos em Deus e cremos no plano dele para nós, podemos igualmente alcançar coisas grandes e surpreendentes, assim como termos uma vida de máxima utilidade para Deus. Como isso é possível? Para mim começou com o alvo diário de fazer uma caminhada.

Alguns meses depois de iniciar essa disciplina, descobri que precisava de algo para ocupar minha *mente* nessas caminhadas! Comecei a levar comigo um pacote de versículos bíblicos para memorizar e sobre os quais refletir. Em uma manhã específica — manhã transformadora de vida! — peguei uma nova pilha ao sair pela porta. Meu primeiro versículo foi Filipenses 4.13:

> Tudo posso naquele [Cristo]
> que me fortalece.

Minha amiga, mesmo como escritora, jamais poderei expressar o impacto que essas sete palavras causaram em minha vida naquele dia... e em todos os dias que se seguiram. Tive de parar na calçada à medida que a verdade e o poder desse único versículo me atingiram. Tropeçara no supremo construtor da confiança! Repeti várias vezes as palavras incríveis, espantosas e, até hoje, quando estou caminhando lá fora ou em minha esteira, caso o que quer que esteja acontecendo em minha vida esteja causando preocupação ou aborrecimento (minha tendência é preocupar-me exageradamente), lembro desse versículo agora preservado em meu coração. Serviu-me de apoio quando cuidei de meus pais idosos e de suas necessidades. Volto-me para ele quando minha agenda sempre presente, sempre cheia, começa a me pressionar. Quando descobri o poder desse versículo, eu tinha duas filhas na faculdade, com seus estudos, seus namorados e a preocupação delas com o futuro me acompanhando nas caminhadas. Sempre presentes estão também a lista de Jim e a minha de prazos a cumprir, compromissos e pressões. Para completar, vem as mágoas envolvidas nos relacionamentos interpessoais — maledicências, calúnias, mal-entendidos, críticas. Não esquecer também os problemas físicos que aparecem ocasionalmente.

É verdade, esses e várias centenas mais de problemas me acompanham em minhas caminhadas sem ser convidados. Todavia, Filipenses 4.13 sempre estará comigo! Ele aparece quando cada preocupação brota como uma erva daninha indesejada. Nele está a verdade — a deslumbrante promessa e poder estabilizador da promessa divina. Bem ali comigo — em mim — todo o tempo. Ela nunca deixa de animar minha alma e fortalecer-me para o que me defronta quando sigo a Deus. Ela estimula a minha confiança à medida que lido com as questões de viver o plano de Deus. Continuo surpresa ao ver que posso fazer todas as coisas — e aprender o que "todas as coisas" abrange — por meio de Cristo que me fortalece.

Entendendo a verdadeira confiança

A ideia de "confiança" do mundo é baseada na autoconfiança — habilidades e recursos pessoais que podem fazer as coisas acontecerem. Contudo, a confiança indicada em Filipenses 4.13 é confiança-em-*Deus*. Sinta essa verdade enquanto considera estas traduções do versículo 13:

- "Tenho forças para tudo naquele que me deu poder."
- "Nada está além do meu poder na força daquele que me faz forte."
- "Estou pronta para tudo mediante a força daquele que vive em mim."
- "Posso fazer tudo que Deus me pede com a ajuda de Cristo, aquele que me dá força e poder." [4]

De onde veio esse versículo glorioso? Resposta: inspirado por Deus e escrito pelo apóstolo Paulo. Este, enquanto se achava preso, escreveu essa carta para encorajar e fortalecer seus amigos cristãos em Filipos. O tema do livro de Filipenses é vida em Cristo.

No capítulo 4, Paulo indica especialmente a presença de Cristo em cada situação da vida. Depois de listar alguns desafios específicos pessoais (sendo humilhado, sofrendo necessidade, passando fome e, até mesmo, experimentando o extremo excesso de fartura), Paulo conclui basicamente: "Não só posso suportar e lidar com essas coisas, como também posso fazer isso em *todas* as coisas!" Como? Por meio de Cristo que lhe transmitiu seu poder para qualquer situação, a qualquer tempo e enquanto necessário.

Paulo não está falando de autossuficiência de modo algum! Ele está anunciando ao mundo inteiro que sua suficiência está em outra pessoa, e não nele mesmo, a pessoa que prometeu e cumpriu, capacitando-o a fazer todas as coisas — o que fosse necessário — para seguir a Deus de todo o coração. Imagine estar ligado a um tubo intravenoso para receber líquidos e nutrientes sustentadores de vida. Cristo infunde e enche você da mesma forma com sua força e seu poder. Você, por intermédio de Cristo, ganha a força que necessita para fazer, realizar e suportar qualquer coisa. O poder de Cristo é um construtor de confiança garantido.

Aumentando sua confiança
Reflita sobre a sua vida e suas preocupações e desafios. Qual o seu maior medo? O que mais teme? Diga qual é... e depois coloque a verdade de Filipenses 4.13 ao lado dele. A palavra de Deus está dizendo a você que em todas as coisas — em cada coisa, qualquer coisa, em cada condição separadamente ou todas essas condições juntas — não há nada que você não possa fazer, realizar, vencer, triunfar. Não há nada que não possa suportar, sofrer ou tolerar! Por quê? Porque Cristo a fortalece! Coloque essa passagem para trabalhar para você.

Mediante Cristo você ganha forças para fazer, realizar e suportar qualquer coisa.

- ✓ Paulo podia enfrentar qualquer coisa... e você também pode enfrentar.
- ✓ Paulo tinha Cristo em qualquer situação... e você também pode tê-lo.
- ✓ Paulo pedia ajuda a Cristo, sua fonte de sabedoria... e você também pode fazer isso.
- ✓ Paulo recebeu encorajamento, energia e confiança para cada necessidade por meio dessa certeza... e você também pode tê-la.

A mulher que anda com Cristo pode enfrentar com sucesso qualquer coisa e tudo. *Isto* é verdadeira confiança baseada na verdade de Deus!

Seguindo a Deus de todo o coração

Quando penso em Filipenses 4.13 e na provisão para completa confiança, vejo esse versículo como o versículo supremo de Deus. Quando pomos em ação nossa fé em Deus e damos os passos envolvidos em seguir a Deus de todo o coração — e aceitamos os riscos dessa atitude — podemos fazer "todas as coisas"! Esse versículo é o ponto de exclamação de Deus para todas as suas promessas. Agora, com a verdade de Filipenses 4.13 em mente, vamos recapitular as Escrituras e as promessas que descobrimos.

Deus promete sucesso. Sucesso segundo Deus! Você está seguindo a Deus de todo o coração quando conhece a sua palavra... e obedece a ela. Você desfruta do sucesso de Deus e de suas bênçãos ao longo do caminho! "Não cesses de falar deste Livro da Lei; antes, medita nele dia e noite, para que tenhas cuidado de fazer segundo tudo quanto nele está escrito; então, farás prosperar o teu caminho e serás bem-sucedido" (Js 1.8).

Deus promete coragem: A coragem para seguir a Deus de todo o coração surge quando você confia na sua presença. "Não te ordenei eu? Sê forte e corajoso; não temas, nem te espantes, porque o Senhor, teu Deus, é contigo por onde quer que andares" (Js 1.9).

Deus promete uma vida excepcional: Você está seguindo a Deus de todo o coração quando pensa os pensamentos dele e vive a vontade dele. "E não vos conformeis com este século, mas transformai-vos pela renovação da vossa mente, para que experimenteis qual seja a boa, agradável e perfeita vontade de Deus" (Rm 12.2).

Deus promete humildade: Você está seguindo a Deus de todo o coração quando faz humildemente o que é certo, confiando nele para decidir o tempo de exaltar e recompensar você. "Rogo igualmente aos jovens: sede submissos aos que são mais velhos; outrossim, no trato de uns com os outros, cingi-vos todos de humildade, porque Deus resiste aos soberbos, contudo, aos humildes concede a sua graça. Humilhai-vos, portanto, sob a poderosa mão de Deus, para que ele, em tempo oportuno, vos exalte" (1Pe 5.5,6).

Deus promete contentamento. Você está seguindo a Deus de todo o coração quando crê em sua bondade e provisão, e anda em todos os seus caminhos. "Porque o Senhor Deus é sol e escudo; o Senhor dá graça e glória; nenhum bem sonega aos que andam retamente" (Sl 84.11).

Deus promete força: Você está seguindo a Deus de todo o coração quando crê e confia no poder dele. "Tudo posso naquele [Cristo] que me fortalece" (Fp 4.13).

Avançando

Espero que tenha compreendido agora que pode seguir verdadeiramente a Deus de todo o coração. Nunca surgirá um obstáculo que você não possa transpor ou rodear. Nunca haverá uma dificuldade que não possa resolver. Nunca haverá uma dor que não possa suportar. E nunca haverá um desafio que não possa vencer. Como filha de Deus você pode fazer tudo que Deus lhe pedir, por meio da força de Cristo que vive em você, *dá*-lhe poder e *torna* você forte — com força suficiente para segui-lo e confiar completamente nele.

Notas

Convite
1. Salmo 2.11; João 4.24; Efésios 2.10.
2. Provérbios 3.6; Deuteronômio 4.29; 13.3; Salmo 86.12; 1Reis 14.8; Deuteronômio 10.12.

Capítulo 1 — Simplificação do sucesso
1. Veja o livro de Números capítulo 1.

Capítulo 3 — A estrada para o sucesso
1. Educadora cristã Kathi Hudson, em Zuck, Roy B. *The speaker's quote book*. Grand Rapids, MI: Kregel Publications, 1997, p. 363.
2. Henry, Matthew. *Matthew Henry's commentary on the Whole Bible*. Peabody, MA: Hendrickson Publishers, 1991, p. 290.

Capítulo 4 — Uma receita infalível para o sucesso
1. Extraída de Maxwell, John C. *Running with the giants*. Nova York: Warner Books, 2002, p. 58.

Capítulo 6 — Enfrentando o impossível
1. Elliot, Elizabeth. *Let me be a woman* (Wheaton, IL: Tyndale House, 1977, p. 75, 97.
2. Lockyer, Herbert. *The women of the Bible*. Grand Rapids, MI: Zondervan Publishing House, 1975, p. 64.
3. Schaeffer, Edith. *What is a family?* Old Tappan, NJ: Fleming H. Revell Company, 1975, p. 13-33.

Capítulo 7 — Lutando contra seus medos
1. Fonte original desconhecida, extraído de Mead, Frank S. ed. *12,000 Religious quotations*. Grand Rapids, MI: Baker Book House, 2000, p. 143.

2. MEYER F. B. Meyer citado em MOODY, D. L. *Notes from My Bible and thoughts from my library.* Grand Rapids, MI: Baker Book House, 1979, p. 43,44.

Capítulo 10 — Fazendo diferença
1. BARTON, Bruce B., VEERMAN, David R. e WILSON, Neil. *Life application Bible commentary—Romans.* Wheaton, IL. Tyndale House Publishers, Inc. 1992, p. 231.
2. Veja Efésios 4.25; Tiago 5.12; Efésios 4.15.
3. Veja Colossenses 3.8; Efésios 4.29-31.

Capítulo 11 — Renovando sua mente
1. MOODY, D. L. *Notes from my Bible and thoughts from my library.* Grand Rapids, MI: Baker Book House, 1979, p. 258.

Capítulo 12 — Seguindo a vontade de Deus
1. RHODES, Cecil em NAISMITH, A. *Treasure of notes, quotes, anecdotes.* Grand Rapids, MI: Baker Book House, 1976, p. 253.
2. GEORGE, Elizabeth. *A woman after God's own heart.* Eugene, OR: Harvest House Publishers, 2006; e GEORGE, Elizabeth. *A woman's call to prayer.* Eugene, OR: Harvest House Publishers, 2004.

Capítulo 13 — Lançando o alicerce da humildade
1. RYRIE, Charles Caldwell. *The Ryrie study Bible*, p. 1.870.
2. Ver 1Coríntios 11.3; Efésios 5.22-24; Colossenses 5.18; Tito 2.5.

Capítulo 15 — Vendo a humildade em ação
1. DEHAAN, M. R. e BOSCH, Henry G. *Our daily bread.* Grand Rapids, MI: Zondervan Publishing House 1982, 2 de dezembro.
2. Veja Romanos 1.1; Filipenses 1.1; Tito 1.1.

Capítulo 16 — Palmilhando o caminho pouco transitado da humildade
1. Mateus 14.29,30; 16.21,22; Lucas 22.33.

Capítulo 17 — Procurando o contentamento em todos os lugares errados
1. *Common worship: services and prayers for the church of England*. Londres: The Archbishops' Council of the Church of England, 200-2006; *Night Prayer* (Compline), "Collect" option.

Capítulo 18 — Vivendo com graça e glória
1. JOHNSTON, Julia H. "Grace Greater Than Our Sin", *Hymns tried and true*. Chicago: Bible Institute Colportage Association, 1911, número 2.

Capítulo 20 — Caminhando em paz e liberdade
1. VAUGHN, Curtis. *The New Testament from 26 translations*. Grand Rapids, MI: Zondervan Publishing House, 1967.

Capítulo 21 — Crendo e vivendo o plano de Deus
1. PETERSEN, William J. e PETERSEN, Randy. *One year book of Psalms*. Wheaton, IL: Tyndale House Publishers, Inc., 1999, julho 6.
2. CANFIELD, Jack e HANSEN, Mark et al. *Chicken soup series*. Deerfield Beach, FI: Health Communications, Inc.
3. CANFIELD, Jack e HANSEN, Mark Victor. *Chicken soup for the soul: Living your dreams*. Deerfield Beach, Fl: Health Communications, Inc., 2003, p. 238-41.
4. VAUGHN, Curtis. *The New Testament from 26 translations*. Grand Rapids, MI: Zondervan Publishing House, 1967, p. 913.

Sobre a autora

Elizabeth George é autora de *best-sellers*, com mais de 4.8 milhões de livros impressos. Ela é escritora muito conhecida em eventos para mulheres cristãs. Sua paixão é ensinar a Bíblia de modo a transformar a vida das mulheres. Para informação sobre o ministério de Elizabeth, para inscrever-se em sua correspondência ou comprar seus livros, visite seu *site*: www.ElizabethGeorge.com

Sua opinião é importante para nós. Por gentileza, envie seus comentários pelo e-mail editorial@hagnos.com.br

Visite nosso site: www.hagnos.com.br

Esta obra foi impressa na Imprensa da Fé. São Paulo, Brasil. Verão Verão de 2019.